Heike Erbertz

Im Tal der goldenen Sonne

spirit RAINBOW Verlag

Heike Erbertz

Im Tal der goldenen Sonne

Meditative Geschichten zur Entspannung und Selbstreflexion

spirit RAINBOW Verlag

IMPRESSUM

1. Auflage 2018

www.spirit-rainbow-verlag.de

Gestaltung, Druck und Vertrieb:
Druck- & Verlagshaus Mainz
Süsterfeldstraße 83
52072 Aachen

www.verlag-mainz.de

Abbildungsnachweis (Umschlag):
https://www.pexels.com/photo/green-mountain-near-river-under-cloudy-sky-during-daytime-247478/

ISBN-10: 3-940700-91-6
ISBN-13: 978-3-940700-91-9

Für Dich

Manchmal, wenn wir die Augen schließen, können wir direkt hinter die dunklen Schleier unseres Bewusstseins blicken. Dorthin, wo die Welt noch in Ordnung ist und heil. In grüne Gärten, rauschende Wälder, glitzernde Seen oder auch auf schneebedeckte Berge und goldene Täler.

Diese Orte haben ihre ganz eigene und besondere Magie, denn sie tragen unsagbare Schätze in sich, verborgen unter alten Ruinen und wütenden Drachen. Hin und wieder trifft man auch wundersame Fabelwesen oder Menschen mit scheinbar einzigartigen Talenten und Fähigkeiten.

Wer sich auf den Weg macht, solch einen Ort zu besuchen, wird vielleicht erstaunt sein, welche Wunder ihm begegnen, welch freudige Gefühle dies auszulösen vermag und wie lange das Wohlempfinden danach noch anhält.

Es lohnt sich, sich einzulassen und einzutauchen, in die unzähligen Welten unserer Phantasie, die in jedem von uns vorhanden ist und nur darauf wartet, dass wir sie nutzen und ausdehnen, um uns zu stärken und zu erfreuen.

Mögen Sie viele schöne Momente mit diesen Geschichten haben, die alle nur darauf warten, von Ihnen entdeckt zu werden!

Zeit für uns selbst ist das größte Geschenk, das wir uns selbst und anderen machen können. Zuhören, den anderen oder auch sich selbst ansehen, ein wenig loslassen und neue Energie tanken tut uns allen gut.

man sich diesen Schatz (neu) erschließen und ausprobieren, wie es ist, mit offenen (oder geschlossenen) Augen zu träumen.

Und für all jene, die für Geschichten bisher nicht so viel übrig hatten, mögen diese hier ein Einstieg sein; eine Türe in eine vielleicht bisher verborgene oder vergessene Welt, die uns dabei helfen kann, uns selbst ein wenig näher zu kommen, zu reifen und zu heilen.

Entspannung

Auch wenn das alleinige Ziel der Meditation nicht ausschließlich die Entspannung ist, so kann man diese dennoch als gewünschten Nebeneffekt bezeichnen.

Entspannung bedeutet im Grunde genommen das Loslassen von Spannung. Meistens verbinden wir damit die Entspannung der Muskulatur. Es fühlt sich gut an, wenn unsere Muskeln weich werden, immer mehr erschlaffen und sich somit ausruhen und erholen können.

Ebenso können wir auch unseren Geist entspannen, ihn frei machen von negativen oder allzu nervösen Gedanken. Und selbst auf der Gefühlsebene kann man loslassen, sich lösen und alle Spannung abgeben.

Diese drei Ebenen fließen ineinander und beeinflussen sich gegenseitig.

Die folgenden Geschichten führen in erster Linie zur Entspannung des Geistes und der Emotionen, da sie diesen beiden Ebenen neue Impulse bieten und wohltuende Bilder und Gedanken erzeugen. Wenn Sie vorher zum Beispiel eine Atemmeditation machen oder bewusst Ihre Muskulatur lockern, können Sie Ihre Entspannung noch vertiefen. Aber auch ohne vorherige körperbezogene Meditation werden Sie merken, dass Sie am Ende der Geschichten auch auf dieser Ebene entspannt(er) sein werden.

Selbstreflexion

Selbstreflexion bedeutet, über sich selbst, seine Gedanken, Gefühle, Handlungen, Werte, Wünsche und so weiter, nachzudenken, sich zu hinterfragen und das, was man tut, denkt und/oder fühlt. Das muss nicht immer kritisch sein, sondern kann, mit einer offenen inneren Haltung, auch sehr spielerisch und neugierig geschehen. So, als wolle man sich erforschen und ein wenig anders oder tiefer kennenlernen.

Die Fragen am Ende der Geschichten sind eine Anregung, sich mit sich selbst auseinanderzusetzen und hinter die normale alltägliche Oberfläche zu schauen. Tun Sie dies mit der allergrößten Achtsamkeit und Selbstliebe! Es geht nicht darum, sich negativ zu bewerten, sondern darum, die eigene innere Vielfalt zu entdecken und zu erweitern, sich seiner Selbst ein wenig bewusster und klarer zu werden. Denn wer weiß warum er etwas tut oder warum er wie reagiert, kann die Dinge und/oder sich selbst auch verändern, falls er dies wünscht.

Manchmal führt uns die richtige Frage zu einer neuen Perspektive oder zu neuen Ideen. Und genau darum geht es: sich weit zu machen und zu öffnen. Für die Menschen um uns herum und für das Leben. In erster Linie aber für uns. Dafür braucht man Interesse an sich selbst, Ruhe und manchmal vielleicht auch ein wenig Mut. Deshalb achten Sie gut auf Ihre inneren Impulse und Befindlichkeiten und gehen Sie nur die Wege, die auch wirklich zu Ihnen passen!

Das innere Kind

Das innere Kind steht für einen der verschiedenen Anteile unseres Selbst. Er symbolisiert die Erfahrungen, die wir in unserer Kindheit gemacht haben, aber auch unsere ureigene Kreativität, Spontanität und Lebenskraft. Indem wir Kontakt zu diesem inneren Anteil aufnehmen, können wir Altes in Heilung bringen, gemachte Erlebnisse verstehen und innerlich reifen. So erlangen wir mehr Flexibilität, Lebendigkeit und innere Einheit.

Viele Menschen spalten negative Erfahrungen ab, um sich nicht mehr an das Schmerzvolle erinnern zu müssen. Meistens wirken diese Dinge aber im Unbewussten und hindern uns daran, das Leben zu führen, das uns bestimmt ist. Anstatt zu verdrängen, zu leugnen oder zu vergessen, kann man Vieles auch verändern. So, dass es uns stark macht, anstatt immer wieder zu schwächen. Eine Möglichkeit ist, dies über die Arbeit mit dem inneren Kind zu machen. Dafür müssen wir mit diesem in Kontakt treten, es annehmen und zu Wort kommen lassen.

Die Geschichten »Der Waldsee«, »Begegnung mit dem inneren Kind« und »Der Wunderbaum« bieten uns die Möglichkeit einer ersten Annäherung an diesen Anteil.

Sollten Sie tiefer in diese Arbeit einsteigen wollen, suchen Sie sich am besten jemanden mit Erfahrung auf diesem Gebiet, der Sie dabei unterstützt. Denn zum einen tut es gut, ein Gegenüber zu haben, um zum Beispiel andere Perspektiven einnehmen zu können. Zum anderen tauchen auch immer einmal wieder Erinnerungen in diesem Zusammenhang auf, die (unter Umständen sogar sehr) schmerzlich oder traurig sind und denen Sie sich nicht unbedingt alleine zuwenden sollten.

Wie Sie mit diesem Buch arbeiten können

Es gibt mehrere Möglichkeiten, wie Sie diese Geschichten nutzen können.

Selbstverständlich können Sie sie einfach nur lesen und sich daran erfreuen. Sie können Sie zum Einschlafen (vor)lesen, als Impuls innerhalb Ihres Berufes nutzen oder einfach nur zur Entspannung.

Wenn Sie etwas tiefer mit diesem Buch arbeiten möchten, legen Sie sich doch Papier und Stift bereit, um sich Notizen zu machen. Manchmal entstehen beim Lesen wichtige Impulse oder wunderbare Gedanken, die es lohnt festzuhalten oder ihnen nachzugehen. Deshalb notieren Sie sich alles, was Ihnen in den Sinn kommt! Oder halten Sie einfach kurz inne, damit das, was bereit ist, sich Ihnen zu zeigen, auch bewusst wahrgenommen werden kann.

Unter jeder Geschichte gibt es eine kurze Deutung. Diese Deutungen sind nicht unumstößlich: Für den einen oder anderen mögen die Geschichten etwas ganz anderes aussagen. So kann zum Beispiel »Wasser« für Erfrischung stehen, Entspannung, aber auch für die Klärung von Emotionen oder für Reinigung. Geben Sie sich auch hier genügend Raum, um Ihrem eigenen roten Faden zu folgen.

Am Ende der jeweiligen Erzählung finden Sie dann Impulse und Fragen, die Sie, wenn Sie mögen, für sich selbst beantworten und (eventuell aktiv) weiter verfolgen können. Diese Fragen haben das Ziel, Sie weiter in Ihre Mitte zu führen und Ihnen Anregungen für Ihren Alltag zu geben.

Vielleicht lassen Sie die Geschichten und die Fragen auch einfach nur in Ihnen nachklingen. Vielleicht entstehen eigene Fragen in Ihnen oder eine Idee für ein anderes Ende oder eine Fortführung. Folgen Sie dem, was sich Ihnen zeigt, und vertrauen Sie darauf, dass Ihre Seele den Weg kennt.

Diese Geschichten sind Impulse, Ideen, Inspirationen! Lassen Sie sich von Ihrem eigenen Gefühl leiten und vertrauen Sie auf Ihre Eingebungen. So nutzen Sie dieses Buch am besten!

Vorbereitung

Wenn es Ihnen möglich ist, dann richten Sie sich, bevor Sie anfangen zu lesen, einen gemütlichen Platz ein. Sorgen Sie gut für sich. Halten Sie etwas zu trinken bereit, eine warme Decke und achten Sie auf ein wenig Ruhe um sich herum. Lassen Sie sich beim Lesen oder Vorlesen Zeit, so dass innere Bilder entstehen und Sie sich ganz auf das Geschehen einlassen können.

Wenn Sie mögen, sprechen Sie die Geschichten auf Band oder bitten Sie jemanden, sie Ihnen vorzulesen. Auch dies können Sie aufnehmen, wenn Ihnen Ihre eigene Stimme im Moment noch nicht so zusagt. Sie können die Aufnahme dann abspielen, wenn es Ihnen am besten passt und sich soweit es Ihnen möglich ist, ganz für die jeweilige Handlung öffnen.

Wenn Sie dann so bequem wie möglich sitzen oder liegen, schließen Sie Ihre Augen oder suchen Sie sich einen Punkt im Raum, auf den Sie mit entspanntem Blick schauen. Beobachten Sie Ihren Atem, wie er in Sie hinein und wieder hinaus strömt. Lassen Sie alle Gedanken kommen und gehen, wie Wolken am Himmel, und machen Sie sich bewusst, dass Ihr Untergrund Sie sicher trägt und hält. Nehmen Sie die Temperatur in Ihrer Umgebung wahr und spüren Sie, wie Sie langsam zur Ruhe kommen, Ihr Atem wie von selbst fließt und alles

Unwichtige mehr und mehr in den Hintergrund rückt.

Jetzt befinden Sie sich im besten Fall in einer gelassenen Haltung und Ihr Unterbewusstsein ist bereit zuzuhören und kreative Ideen zu entwickeln.

Schenken Sie sich diese Zeit und Aufmerksamkeit so oft es Ihnen gut tut.

Sie haben es sich verdient!

Hinweis

Bitte sorgen Sie gut für sich!

Manchmal berühren uns Geschichten viel tiefer als wir denken. Und auch die Auseinandersetzung mit uns selbst, mit unseren Werten und inneren Wünschen, kann dazu führen, dass Emotionen auftauchen und sich uns zeigen, was grundsätzlich eine gute Sache ist. Wenn Sie es aber nicht gewohnt sind, mit solchen Gefühlen oder inneren Bildern umzugehen oder sich gerade in einer Lebensphase befinden, die nicht so leicht ist, dann achten Sie bitte darauf, dass Sie zum Beispiel einen Gesprächspartner zur Verfügung haben, mit dem Sie besprechen können, was Ihnen gerade durch den Kopf oder das Herz geht.

Vielleicht entstehen in Ihnen auch Impulse, Dinge zu verändern. Lassen Sie sich Zeit und überstürzen Sie nichts. Manchmal ist die gute alte Empfehlung, noch einmal eine Nacht (oder zwei) darüber zu schlafen, sehr sinnvoll!

Zu den Geschichten

Wenn du einmal genau hinschaust, kannst du deine Seele lächeln sehen. Wie eine aufgehende Sonne strahlt sie und durchströmt alles, was in ihrer Nähe ist.

1. Das Lächeln der Seele

Wenn du einmal genau hinschaust, kannst du deine Seele lächeln sehen. Wie eine aufgehende Sonne strahlt sie und durchströmt alles, was in ihrer Nähe ist. Vielleicht nimmst du es selbst gar nicht als solches wahr, doch es stimmt. Deine Seele lächelt. Den ganzen Tag. Und auch in der Nacht, wenn du schläfst. Woher ich das weiß? Ich will es dir erzählen:

Vor vielen, vielen Jahren lief ich einmal recht betrübt durch die Straßen meiner Stadt. Nicht mitten durch den großen Trubel, eher so durch stille Nebenstraßen und Gassen. Vorbei an Häusern und Höfen, Bäumen und kleinen Wegen, die manchmal ins Nirgendwo zu führen schienen. Wie ich schon sagte, ich war betrübt und ließ mich einfach von meinen dumpfen Gedanken treiben, die ganz automatisch auch meine Beine einfach nur still vorantrieben, so dass ich kaum mitbekam, wohin ich eigentlich ging.

Ich war schon eine ganze Weile so mit mir selbst beschäftigt gewesen, als ich schließlich aufblickte und mich umsah. Hier war ich noch nie gewesen. Ich erschrak ein wenig, denn nun würde ich zu allem Übel auch noch den Weg nach Hause suchen müssen. Wer wusste schon, wie weit ich bereits davon entfernt war? Was sollte ich jetzt machen? Ich fühlte mich einfach nur müde und leer und unglaublich einsam. Und nun musste ich mich auch noch dazu zwingen, die Augen offen zu halten, um zurück nach Hause zu finden.

Völlig entmutigt sah ich mich um und entdeckte eine kleine Bank unter einem Baum. Vielleicht sollte ich mich zuerst einmal ein wenig ausruhen und neue Energie tanken. Vielleicht käme dann ja auch die Kraft zurück, die ich nun brauchte, um mich auf den Weg nach Hause zu machen. Ich hatte nämlich mal gehört, dass Bäume wahre Energiespender sind. Ohne dass man sie berühren oder sonst etwas veranstalten musste, alleine schon, wenn man ganz still unter einem saß, würde er seine Kraft übertragen. Dieser Baum gefiel mir und so setzte ich mich auf die kleine grüne Bank darunter, in der Hoffnung, die Geschichte möge wahr sein.

So verbrachte ich eine Weile, schaute auf meine Füße und wartete darauf, dass sich etwas tat, als ich plötzlich eine freundliche Stimme vernahm, die mich fragte, ob neben mir noch frei sei. Als ich aufblickte, sah ich ein Kind vor mir stehen. Ich konnte nicht einmal genau sagen, ob es sich um ein Mädchen oder um einen Jungen handelte. In diesem Moment war mir das auch völlig egal, einzig seine ungewöhnlich schön leuchtenden Augen fielen mir auf. Ich rückte ein Stückchen zur Seite und starrte weiterhin auf meine Füße.

»Beobachtest du die Ameisen?«, fragte mich das Kind. »Ameisen sind wirklich sehr fleißige Tierchen. Sie sehen nicht so hübsch aus wie kleine Kätzchen oder junge Hunde, aber dafür sind sie unglaublich stark. Meinst du, sie wissen, wie stark sie sind?«

»Was?«, fragte ich abwesend. – Ameisen, dachte ich. Was soll ich denn jetzt mit Ameisen?

»Na, ob du glaubst, dass sie wissen, dass sie so unglaublich viel Kraft in sich tragen?«

Ich wusste nicht, wovon das Kind sprach und zuckte einfach nur kurz mit den Schultern. Ich hatte nicht die geringste Lust, mich zu unterhalten. Schon gar nicht mit einem Kind, das nichts von dieser Welt verstand.

»Ich glaube ja nicht, dass sie es wissen, denn sonst würden sie doch sicher etwas anderes mit ihrer Kraft anstellen, als nur Stöckchen herumzutragen«, sprach das Kind weiter.

»Was?«, fragte ich wieder.

»Na, ich glaube, wenn alle wüssten, wie viel Kraft in ihnen steckt, würden sie etwas anderes tun, als sich müde und einsam zu fühlen.«

»Was hast du gerade gesagt?« Ich schaute das Kind entgeistert an, das still neben mir saß, und mich immer noch mit diesen wunderschönen klaren Augen ansah.

»Ich meine ja nur. Ich habe nämlich bemerkt, dass kaum jemand weiß, dass unsere Seelen immerzu lächeln.«

»Meine Seele lächelt?«

»Ja«, antwortete das Kind. »Willst du es sehen?«

Ich glaube, es war das erste Mal seit Tagen, dass ich wieder lachte. Dieses Kind amüsierte mich. Was hatte ich schon zu verlieren? Traurig sein konnte ich auch später wieder. Also machte ich einfach mit und sagte ja.

Das Kind kniete sich neben mich und hielt mir mit seinen kleinen Händen die Augen zu. »Was siehst du?«, wollte es von mir wissen.

»Natürlich nichts!«, lachte ich.

Was jetzt kam, überraschte mich sehr. Nicht, dass ich es nicht irgendwie schon immer geahnt hätte. Doch es in diesem Augenblick zu hören, aus dem Munde eines Kindes, ließ mich wirklich sehr staunen.

»Es ist nur natürlich, dass wir etwas sehen, wenn wir die Augen schließen. Die meisten haben es leider verlernt oder trauen es sich nicht mehr zu. Aber ich sage dir: alles in ihnen wartet nur darauf, dass sie sich an ihre Gabe erinnern und wieder sehen, was immerzu da ist.«

»Was meinst du damit, ich nutze es nicht? Und dass ich alles sehen kann, was immerzu da ist?«

Daraufhin erklärte mir das Kind, dass ich es sehen werde, wenn ich die Augen schließe, still werde und mich auf meine innere Mitte konzentriere. Dann könne ich sehen, wo meine Kraft wohnt, wie stark ich wirklich sei und wie ich jeden Tag mit Energie beschenkt und aufgeladen werde.

Zuerst dachte ich ganz ehrlich, dass dieses Kind einfach nur etwas erzählte, was es irgendwo einmal gehört hatte, doch du kannst dir gar nicht vorstellen, wie überrascht ich war, als ich tatsächlich anfing, etwas zu sehen. Vor mir bildete sich eine Quelle aus goldenem Licht, die unaufhörlich sprudelte. Ihr Glitzern verteilte sich immer mehr und mehr und ich spürte, wie sich Freude und Zuversicht in mir ausbreiteten.

»Und jetzt die Seele. Schau sie dir an. Zuerst meine und dann deine!«, forderte es mich auf.

Es dauerte ein wenig. Und dann sah ich es! »Sie lächeln!«, rief ich aufgeregt. »Deine! Und meine auch! Sie lächeln tatsächlich und sie umgeben alles, was in ihrer Nähe ist, mit ihrem wunderschönen Lächeln.«

Ich hörte das Kind lachen. »Ja, wir lächeln. Wir alle!«

»Geht das auch mit geöffneten Augen?«, wollte ich wissen, doch ich bekam keine Antwort. Ich spürte auch die Hände des Kindes nicht mehr auf meinen Augen. Als ich sie öffnete, saß ich alleine auf der kleinen Bank.

Du kannst dir sicher vorstellen, dass ich mir verwundert die Augen rieb und mich nach allen Seiten hin umblickte. Aber niemand war zu sehen. Nur ich saß da, unter diesem Baum, und fragte mich, ob ich wohl eingeschlafen war und geträumt hatte. Doch irgendetwas war anders. Ich fühlte mich freier und stärker und irgendwie auch mutiger. Das Bild der goldenen Quelle und der lächelnden Seelen war noch ganz präsent. Und als ich aufstand, um den Weg nach Hause anzutreten, sah ich es: Der Baum, unter dem ich gesessen hatte, verströmte silbrig-weiße Energiefäden, die mich eingehüllt hatten und zu nähren schienen. Und auch seine Seele lächelte. Ich bedankte mich herzlich bei dem Baum und ging den Weg zurück, den ich gekommen war. Diesmal ließ ich meine Augen offen und wohin ich auch blickte, sah ich die Energie, die uns umgibt und durch die wir alle miteinander verbunden sind. Die Kraft, die in einem jeden von uns wohnt, und natürlich die Seelen. Diese wundervollen Seelen, die ihr klares und reines Lächeln aussenden, um uns daran zu erinnern, wer wir sind und was wir vermögen.

Seit diesem Tag ist vieles anders geworden. Ich bin nicht jeden Tag glücklich und voller Energie. Selbstverständlich nicht. Das wäre ja auch nicht natürlich. Doch ich weiß nun, wohin ich sehen muss, um mich daran zu erinnern, wie stark ich bin und wie viel Kraft in mir steckt. Ich weiß nun auch, dass meine Seele lächelt. Jeden Tag und jede Nacht. Und deine tut es auch! Du kannst es mir ruhig glauben!

Die Bedeutung der Geschichte:

Die meisten Menschen fühlen sich hin und wieder einmal entmutigt, traurig oder erschöpft. Wir spüren dann den Wunsch nach neuer Kraft in uns, wissen aber nicht, wie wir dazu kommen können. Und manchmal haben wir dann tatsächlich den Eindruck, uns verlaufen zu haben oder vom Weg abgekommen zu sein. Doch in einem jeden gibt es eine Fülle von Wissen und von Energie. Meistens muss man nur aufhören zu suchen und anfangen zu finden! Vielleicht tut es Ihnen auch gut, sich bewusst zu machen, wie stark Sie in Wahrheit sind. Oder Sie finden heraus, was genau dies verhindert und verändern Ihr Leben so, dass Sie es wieder voller Glück und Freude genießen können!

Wenn Ihnen diese Geschichte gefallen hat:

Wenn auch Sie sich über neue Kraft freuen würden, dann machen Sie sich einmal bewusst, wie Ihr Energielevel aussieht. Auf einer Skala von eins bis zehn (zehn bedeutet ein hohes Energieniveau):
Wo würden Sie Ihren aktuellen Energiewert einordnen?
Fragen Sie sich dann:

- Was ist jetzt mein erster Impuls dazu?
- Welche Ideen kommen mir, was mir helfen oder gut tun würde – in diesem Moment / in dieser Situation?
- Was genau brauche ich, um zu neuer Kraft zu finden?
- Was muss ich ändern?
- Was muss ich (los)lassen?

Manchmal haben wir den Eindruck, uns verlaufen zu haben oder vom Weg abgekommen zu sein. Doch in einem jeden gibt es eine Fülle von Wissen und von Energie. Meistens muss man nur aufhören zu suchen und anfangen zu finden!

2. Der Schlüssel

Als der alte Mann den rostigen Schlüssel in der Hand hielt, konnte er kaum glauben, dass er es geschafft hatte. So viele Jahre hatte er nach ihm gesucht – selbst in den verborgensten Winkeln der Erde – aber immer ohne Erfolg.

Ein paar Mal hatte er geglaubt, ihm ganz nahe zu sein – und wer weiß, vielleicht war er es ja auch gewesen. Doch am Ende stand er immer wieder mit leeren Händen da und musste sich erneut auf den Weg machen.

Die Suche hatte ihm viel abverlangt. Sehr viel. Aber aufgeben kam für ihn nie in Frage: Er hatte sich vorgenommen, diesen Schlüssel zu finden und das würde er auch tun! Koste es, was es wolle.

Und so war der alte Mann immer wieder losgezogen, hatte jeden Stein umgedreht und hinter jede Türe geschaut.

Manchmal war er durch und durch deprimiert, doch in ihm wuchs diese merkwürdige Gewissheit, dass er schon ganz nahe dran war. Dass es nicht mehr lange dauern würde, bis er sein Ziel endlich erreicht haben würde.

Und nun stand er hier und hatte ihn endlich gefunden! Er war tief bewegt und ein großer Kloß steckte in seinem Hals. Er umwickelte den Schlüssel mit einer Lage samtenen Stoffs und packte ihn in ein kleines hölzernes Kistchen. Dann steckte er alles in seinen grünen Rucksack und machte sich auf den Weg nach Hause.

Er war noch gar nicht lange gegangen, als ihm eine kleine Frau begegnete und ihn um Hilfe bat. Nach dieser unglaublich langen Suche, hatte der alte Mann es nun nicht mehr eilig. Jetzt, da er den Schlüssel sicher bei sich trug, erfüllte er die Bitte der kleinen Frau gerne. Er hörte sich an, was sie von ihm wollte, legte seinen grünen Rucksack beiseite und konzentrierte sich darauf, der kleinen Frau behilflich zu sein.

Kaum war er damit fertig, kam ein junger Soldat des Weges. Auch er bat den alten Mann um Hilfe. Und da der alte Mann gerne half und der Soldat ihm leid tat, weil er doch schon so lange unterwegs war, hörte er sich auch von diesem an, was er von ihm wollte. Das Problem des Soldaten war schon ziemlich groß und als der alte Mann es schließlich gelöst hatte, spürte er, dass er furchtbar müde war. Doch ausruhen konnte er sich nicht, denn hinter ihm stand eine junge Mutter mit ihrem Baby und auch sie brauchte dringend seine Hilfe.

Der alte Mann atmete tief durch und kümmerte sich sehr lange und sehr gewissenhaft um die junge Mutter und ihr Kind. Als die beiden gegangen waren, setzte sich der alte Mann auf einen großen, runden Stein und schloss seine müden Augen. Er seufzte tief, griff nach seinem grünen Rucksack und machte sich wieder auf den Weg Richtung Heimat.

Doch es dauerte nicht lange, bis ihm der nächste Hilfesuchende begegnete. Auch diesem half der alte Mann.

Das ging eine ganze Weile so. Immer mehr Menschen begegneten dem alten Mann und immer mehr Zeit verbrachte er damit, anderen zur Seite zu stehen und sie bei ihren Vorhaben zu unterstützen. Er tat es gerne, und wenn er die strahlenden Augen der anderen sah, fühlte er sich richtig und gut. Er hatte das Gefühl wichtig zu sein und gebraucht zu werden.

Seinen Rucksack hatte er irgendwo beiseitegelegt. Er wollte ihn sicher verwahrt wissen, solange er sich um all die anderen kümmerte. Das hölzerne Kästchen mit dem rostigen Schlüssel hatte er jedoch schon längst vergessen.

Mit der Zeit wurde der Mann immer älter und immer müder. All die vielen Menschen, die ihm begegneten, erfreuten ihn sehr, doch gleichzeitig war ihm, als würde er jeden Tag etwas verlieren. Er konnte es nicht in Worte fassen und er wusste es auch nicht zu erklären. Es war eher etwas ganz Leises, Stilles. Etwas, das nur ganz kurz aufblitzte, um dann wieder in seinem Unterbewusstsein zu verschwinden.

Der alte Mann begann traurig zu werden und manchmal, wenn er sich ganz besonders stark auf jemanden konzentriert hatte, verspürte er anschließend eine ungeahnte Wut in sich aufsteigen. Dann versteckte er sich irgendwo und hoffte, dass es dunkel würde, damit er sich schlafen legen konnte. Sein Zuhause erschien ihm inzwischen unerreichbar weit entfernt, und so fügte er sich in sein Schicksal.

Wahrscheinlich wäre dies noch für sehr, sehr lange Zeit so weiter gegangen, wenn der alte Mann nicht eines Tages über etwas gestolpert wäre: Er war gerade dabei, einen Verband bei einem Verwundeten zu wechseln und wollte am Flussufer Wasser holen, als er der Länge nach auf die Nase fiel. Verwundert blickte er sich um und sah, dass sein linker Fuß in einer kleinen Schlinge steckte. Beim näheren Betrachten erkannte der alte Mann seinen grünen Rucksack. Er war im Laufe der vielen Jahre sehr schmutzig geworden, so dass man das Grün nur noch erahnen konnte. Der alte Mann öffnete seinen alten Rucksack und fand in ihm ein hölzernes Kistchen. Neugierig öffnete er es und wickelte aus einem samtenen Stoff einen alten, rostigen Schlüssel heraus. Er erinnerte sich nicht mehr, in welches Schloss der Schlüssel gehörte, und so packte er alles wieder zusammen und stellte den Rucksack beiseite.

In der Nacht darauf schlief er sehr unruhig und träumte immer wieder von Schlüsseln und Türen und Wegen. Am nächsten Morgen ging er zu seinem Rucksack, entnahm das Kistchen und den Schlüssel und begann nachzudenken.

Es dauerte eine Weile, doch dann fing er an, sich zu erinnern: Er wusste plötzlich wieder, dass er als junger Mann aufgebrochen war, den Schlüssel zu seinem inneren Haus zu suchen, und dass ihn diese Suche durch sein gesamtes Leben geführt hatte.

Vorsichtig hielt er den rostigen Schlüssel in seinen Händen. Das, wonach er sich sein ganzes Leben lang gesehnt hatte, lag nun vor ihm. Da wusste er mit einem Male, was er zu tun hatte.

Man weiß nicht genau, was aus dem alten Mann geworden ist. Die einen sagen, sie hätten ihn an einem kleinen See beim Fischen gesehen. Andere wollen ihn beim Bergsteigen getroffen haben und wieder andere beim Träumen auf einer grünen Wiese.

Wo auch immer der alte Mann nun ist, was auch immer er gerade tut: Den rostigen Schlüssel hat er nie wieder vergessen. Ihn trägt er nun um seinen Hals, in der Nähe seines Herzens. Und jeden Tag, bei Sonnenaufgang, steckt er ihn in das goldene Schloss seines inneren Hauses. Dann öffnet sich die Türe zu seiner inneren Welt. Und dort, in der Mitte seines Selbst, lebt er in Ruhe und Frieden.

Die Bedeutung der Geschichte:

Wenn wir geboren werden, so sagt man, kommen wir mit wundervollen Ideen auf diese Erde. Wir wissen genau, was wir erleben und erreichen möchten. Doch im Laufe der Jahre gerät dies immer mehr und mehr in Vergessenheit. Wir beginnen uns anzupassen und auszurichten, zu kämpfen oder uns zu verstecken. Irgendwann beginnen wir dann zu suchen. So, wie der alte Mann. Wir spüren, dass es da noch mehr geben muss, und wenn wir es gefunden haben, verlieren wir es leider oft wieder aus den Augen, weil der Alltag, das Leben, etwas anderes von uns fordert. Oft füllen wir diese innere Leere, die dann entsteht, damit, dass wir uns auf andere konzentrieren. Auf unseren Job, unsere Familie oder Freunde. Wir selbst scheinen kaum noch Luft und Raum zu haben, obwohl wir in ruhigen Minuten spüren, dass etwas nicht stimmt. Wir stellen uns selbst immer wieder an die hinterste Stelle, vergessen uns und unsere Bedürfnisse. Und oft wird dann das Helfen, das Für-andere-da-sein-Wollen (oder müssen) zu unserem Lebensmittelpunkt. Und auch, wenn wir Energie daraus erhalten, sind wir nicht wirklich mit uns selbst in Verbundenheit. Und viel zu oft beginnen wir, das was uns wichtig ist, das was uns selbst ausmacht, zu vergessen. Liebe zu anderen ist ein wertvolles Gut. Liebe zu uns selbst, eine wertvolle Notwendigkeit.

Dem Mann in der Geschichte kam das Schicksal zur Hilfe und ließ ihn über seinen Rucksack stolpern. Doch selbst wenn unser Schlüssel vor uns liegt, den wir alle mit in dieses Leben gebracht haben, wissen wir oft nicht, was wir mit ihm tun sollen und vergessen oder verlieren ihn sogar wieder.

Wir können es so machen, wie der alte Mann, und darauf vertrauen, dass wir uns irgendwann wieder an das erinnern, wofür der innere Schlüssel steht: für unsere Selbstliebe, für unsere Achtsamkeit mit uns selbst, für den Frieden in unserem Herzen und für unsere gesamte innere Welt, die uns Kraft und Sicherheit gibt, wenn sie im Gleichgewicht ist. Wir können es aber auch anders machen und uns immer wieder daran erinnern, dass wir selbst und unsere eigenen Bedürfnisse wichtig sind. Das dürfen wir niemals vergessen.

Wenn Ihnen diese Geschichte gefallen hat:

Fragen Sie sich doch einmal, ob es irgendetwas in Ihnen gibt, das nicht wirklich zufrieden ist. Schauen Sie, ob Ihnen etwas fehlt. Oder ob Ihnen etwas zu viel ist. Fragen Sie sich, ob Sie genug Zeit für sich selbst, für Ihre Hobbys und für das haben, was Ihnen gut tut:

- Wo vernachlässige ich mich selbst?
- Was habe ich alles schon beiseitegeschoben, das mir einmal wichtig und wertvoll gewesen ist?
- Wo gehe ich unachtsam mit mir um?
- Wo stelle ich mich in die zweite Reihe?
- Warum sind mir andere Menschen oder Dinge wichtiger, als meine eigenen Bedürfnisse/Träume/Wünsche?

Wir müssen nicht immer gleich unser ganzes Leben auf den Kopf stellen, wenn wir bemerken, dass etwas im Ungleichgewicht ist. Manchmal reichen schon kleine Veränderungen, um uns wieder wohler zu fühlen, zufriedener oder uns selbst wieder näher zu sein.

Er spürte, dass sie eine von vielen war. Denn tief in seinem Inneren sagte ihm eine leise Stimme, dass es noch mehr solcher Menschen gab. Menschen, die ihren eigenen Weg gehen, ihrer inneren Stimme vertrauen und Zugang zu den Geheimnissen der Erde haben!

3. Das Wissen der Steine

Weit weg in einem fernen Land, lebte einst ein Stein. Nun, werdet ihr jetzt vielleicht sagen: Ein Stein lebt aber doch nicht. Doch da muss ich euch widersprechen: Steine leben sehr wohl, und dieser Stein war obendrein noch etwas ganz Besonderes. Nahe einem kleinen Bach lag er mit einigen anderen Steinen am Ufer. Wenn der kleine Bach im Winter etwas mehr Wasser hatte und leicht anschwoll, dann schwappte hin und wieder, unter freundlichem Gegurgel, eine Handvoll über unseren Stein. Dies hatte zur Folge, dass er inzwischen ein wenig Moos angesetzt hatte und ganz grün aussah. In Wirklichkeit war er aber rabenschwarz. Er funkelte sogar ein wenig, und wenn man ihn in die Hand nahm, fühlte er sich ganz glatt an.

Wie lange er schon hier lag, wusste der Stein nicht. Er meinte, es müsse schon eine Ewigkeit sein. Ganz selten verirrten sich auch mal ein paar Leute an diese Stelle. Sie wateten dann durch den Bach, spritzten dessen Wasser durch die Gegend und traten nach den Steinen. Manche hoben sie auch auf, um sie dann unter großem Gejohle quer über die Wasseroberfläche flitschen zu lassen. Das gefiel dem Stein sehr, denn er fühlte sich dann ganz lebendig, wenn er die anderen so umherfliegen sah. So, als seien sie alle ein Teil von etwas richtig Großem. Die anderen Steine um ihn herum lachten ihn deshalb oft aus. Besonders wenn er versuchte, den Menschen zuzurufen, sie dazu zu bringen, ihn aufzuheben und weit an einen anderen Platz zu schleudern. Ja! Davon träumte er am meisten: Dass er endlich auch einmal aufgehoben würde, dass er fliegen dürfte, schwimmen! Wenn auch nur für einen kurzen Augenblick. Dann würde man vielleicht auch wieder das glänzende Schwarz an ihm sehen können, seinen wunderbaren Schimmer.

Die anderen Steine mahnten ihn dann verächtlich zur Vernunft und erklärten ihm lächelnd, dass die Menschen nicht ihre Sprache sprechen würden, dass sie die Steine nicht verstehen könnten. Ja, dass sie im Gegenteil nicht den geringsten Zugang zu der Welt der Steine hätten. Die anderen wunderten sich über den Stein und seine Wünsche. Sie konnten einfach nicht verstehen, warum er unbedingt von diesen lärmenden Menschen beachtet werden wollte. Sie alle waren froh, wenn ihnen nichts zu

Leide getan wurde. Niemand wollte meterweit durchs Unterholz geworfen werden und am Ende irgendwo ganz alleine herumliegen. Doch das alles konnte dieser eine Stein nicht begreifen. Für ihn gab es nichts Schöneres als die Vorstellung, von einem fremden Menschen in die Hand genommen zu werden. Er wünschte sich, dass er ganz langsam hin und her gedreht würde, damit er sein Funkeln gut präsentieren könnte.

Der Stein wurde mit der Zeit immer nachdenklicher. Eines Tages wandte er sich an einen faustgroßen Kiesel, der ungefähr zehn Zentimeter neben ihm lag: »Ich verstehe das nicht! Warum können wir die Menschen verstehen, aber sie uns nicht?«

»Nun«, antwortete der Kiesel. »Das hat damit zu tun, dass die Menschen vergessen haben, wer sie sind und woher sie kommen. Früher, vor vielen, vielen Jahren, da war es noch ganz normal, dass Menschen und Steine miteinander sprachen. Damals vermochten sie uns noch zu verstehen, denn sie hatten Gefallen daran, uns zuzuhören und unseren Geschichten zu lauschen!«

»Was ist nur los mit ihnen?«, flüsterte der eigentlich rabenschwarze Stein. »Was ist mit ihnen nur geschehen, dass sie vergessen haben, wie man zuhört? Dass sie kein Interesse mehr an ihren Brüdern, den Steinen, haben?«

Der faustgroße Kiesel überlegte eine Weile. Dann sagte er ganz leise: »Sie haben sich selbst vergessen! Sie haben den Kontakt zu sich selbst und zu ihren Wurzeln verloren. Alles, was sie interessiert, ist dieser alltägliche Blödsinn, den sie sich gegenseitig über Erfolg und Leistung erzählen.« Der Kiesel seufzte: »Auch ich habe einen Traum! Ich träume davon, dass es wieder einmal mehr Menschen werden, die durch die Felder und Wälder streifen, sich mit der Erde verbinden und irgendwann auch wieder in der Lage sind, sich selbst zuzuhören!«

Die anderen Steine, die in der Nähe lagen, hatten das Gespräch der beiden mit angehört. Im Grunde stimmten sie ihnen aus vollem Herzen zu, doch lagen sie schon zu lange einsam und unbesehen auf ihrem Fleckchen nahe dem Bach. Jeder einzelne von ihnen hatte ähnliche Träume gehabt. Und jeder einzelne von ihnen hatte nach endlos langen Jahren des Wartens und Hoffens aufgegeben. Die meisten wollten einfach nur noch ihre Ruhe haben und so fingen sie an, die Lebendigkeit, die die vereinzelt auftauchenden Menschen ausstrahlten, zu ignorieren. Es war einfach zu schmerzhaft, immer nur daneben zu liegen.

Langsam zog die Dämmerung herauf und die Steine bereiteten sich auf die Nacht vor. Normalerweise alberten sie immer noch eine ganze Weile herum. Heute jedoch waren alle mit ihren eigenen Gedanken beschäftigt und die Stille der Nacht kam ein wenig früher als gewöhnlich über den kleinen Bach und seine Bewohner.

In dieser Nacht träumten die Steine alle den gleichen Traum: Es war ein warmer, heller Sonnentag, die Vögel sangen und der kleine Bach hatte ausreichend Wasser. Alles war wie immer. Und doch war da etwas Neues. Ein wundervoll klarer Ton schwoll an und wieder ab! Verwundert fragten sie sich, was da los sei, und hofften, dass irgendeiner von ihnen schon etwas mehr sehen könnte. Es war der kleine Bach, der ihnen unter frohem Gelächter zurief: »Es ist eine Frau! Und sie singt!«

Die Steine waren sprachlos. So etwas Schönes hatten sie ewig nicht mehr gehört. Die Steine waren wie verzaubert und lauschten gebannt der näherkommenden Melodie. Als sie auf Höhe des faustgroßen Kiesels angekommen war, setzte sich die Frau auf den Stamm einer umgekippten Eiche, um sich auszuruhen und ihre mitgebrachten Butterbrote zu essen. Doch sie war anders als die anderen Menschen: Sie setzte sich nicht einfach hin, sondern sie fragte die Eiche zuvor, ob es ihr recht sei! Sie begrüßte den Bach, die umstehenden Bäume, die Tiere und ja, sie begrüßte auch die Steine! Der rabenschwarze Stein jubelte! Am liebsten wäre er vor Freude auf und ab gehüpft. Aber auch die Herzen aller anderen Steine füllten sich erneut mit Hoffnung. Und tatsächlich: Die Frau sprach mit ihnen, lauschte ihren Geschichten und nahm den einen oder anderen von ihnen behutsam in ihre zarten Hände, wiegte sie vorsichtig hin und her und legte sie dort ab, wo es der jeweilige Stein ihr sagte. Es war ein wunderbarer Nachmittag und alle amüsierten sich prächtig! Bevor die Frau wieder aufbrach, ging sie zu dem eigentlich rabenschwarzen Stein und schaute ihn an. Dann nahm sie ihn vorsichtig auf und wusch ihm im Bach das grüne Moos ab, bis er wieder schwarzfunkelnd in seiner ganzen Pracht zu sehen war. Er war furchtbar stolz und strahlte noch etwas mehr als sonst, um sich so bei der Frau zu bedanken. Sie lächelte und dann fragte sie ihn: »Darf ich dich mit zu mir nach Hause nehmen? Ich würde dich gerne auf mein Fensterbrett in die Sonne legen, um mich an diesen schönen Tag zu erinnern!«

Der Stein konnte kein Wort herausbringen, so sehr freute er sich. Er verabschiedete sich von seinen Freunden und machte es sich dann in der Hosentasche der Frau bequem, die ihn extra noch in ein weißes Taschentuch gewickelt hatte. »Weißt du was?«, fragte ihn die Frau auf dem Nachhauseweg. »Ich nehme dich einfach das nächste Mal wieder mit hierher, wenn ich wiederkomme! Dann kannst du dir jedes Mal überlegen, ob du bleiben oder wieder mit zu mir nach Hause kommen magst.«

»Das ist eine prima Idee!«, antwortete der Stein und freute sich nochmal so sehr. Sein sehnlichster Wunsch war endlich in Erfüllung gegangen, und dennoch würde er seine Freunde wiedersehen können! Er war bemerkt worden, war beinahe geschwommen und geflogen! Und nun würde er eine ganz neue Welt kennenlernen.

Er spürte, dass sie eine von vielen war. Denn tief in seinem Inneren sagte ihm eine leise Stimme, dass es noch mehr solcher Menschen gab. Überall verteilt auf der Erde. Und sie alle würden sich mehr und mehr an ihre Brüder, die Steine, erinnern. Sie fielen nicht auf die falschen Versprechen von Reichtum und Macht herein. Nein! Diese Menschen gingen ihren eigenen Weg, vertrauten ihrer inneren Stimme und hatten Zugang zu den Geheimnissen der Erde!

Die Bedeutung der Geschichte:

Diese Geschichte hat zwei Bedeutungen: Zum einen erinnert sie uns daran, dass wir nicht alleine hier sind, dass es mehr gibt zwischen Himmel und Erde als das, was wir mit bloßem Auge sehen können. Sie erinnert daran, dass wir unser Herz öffnen müssen, wenn wir in Kontakt zu unserer Umwelt treten wollen. Wir müssen uns nach unserer inneren Mitte richten und nicht nach dem Außen. Im Inneren wissen wir alle, was wir brauchen und was uns gut tut. Wenn wir uns wieder verbinden, wenn wir wieder wach werden, können wir auch wieder mit unserer Umwelt kommunizieren, die auf unserer Achtsamkeit und unseren Respekt angewiesen ist.

Zum anderen geht es um ein Gefühl von Einsamkeit, von Leere. Träume, die nicht gelebt werden, Leben, das nicht gelebt wird, wird schal und trübe. Wir alle kennen diese ungeliebten Gefühle in uns. Wir wissen, wie es ist, wenn die Hoffnung versiegt. Wenn wir nur noch daneben stehen. Doch niemand ist wirklich alleine! Wenn wir es schaffen, uns umzusehen und unsere Kraftreserven zu nutzen, um uns selbst wieder ins Leben zurückzuholen, wenn wir wieder ein Ziel vor Augen haben, dann passiert es meist von ganz alleine, dass das Leben uns in seiner schönsten Form begegnet: in der puren Liebe! Doch dafür müssen wir bereit sein, Altes loszulassen, müssen vertrauen und uns hingeben! Dann müssen wir den Mut haben, uns umzusehen und eine andere Perspektive einzunehmen. Und vor allem müssen wir glauben: An das Gute und an uns selbst und unsere Träume!

Alles Fragen und Forschen nutzt nur bis zu einem gewissen Punkt. Am Ende muss man sich entscheiden, ob man weiter vor sich hindümpelt oder das Leben anpackt!

Sie sagen, am Ende ist es nur ein Traum!? Wer weiß!? Vielleicht muss jede Veränderung mit einem Traum beginnen …

Wenn Ihnen diese Geschichte gefallen hat:

Schauen Sie einmal auf Ihre innersten Träume und auf Ihre Umwelt:

- Was genau sind meine Träume?
- Bin ich hier und jetzt zufrieden mit dem, was ich tue / was ich bin / wo ich bin?
- Wo habe ich aufgehört zu hoffen?
- Wie erlebe ich meine Umwelt? Die Menschen um mich herum, die Natur in meiner Nähe, die Tiere?
- Welches Verhältnis habe ich zu Mutter Natur?
- Wie gut kann ich (noch) zuhören? Anderen, aber auch mir selbst / meiner inneren Stimme?
- Und was genau brauche ich, um (vielleicht) eine neue Entscheidung für mich / für mein Leben zu treffen?

Am Ende sind es unsere eigenen Entscheidungen, die uns in diese oder jene Richtung tragen, auch wenn wir das nicht immer so sehen oder wahrhaben wollen.

4. Farbsturm

Zuerst kommt das Blau. Es kommt langsam aber bestimmt, wird mal heller und dann wieder dunkler. Es dehnt sich aus, verschwimmt, um dann wieder seine Farbkonzentration zu verstärken. Blau ist kühl. Klar. Ein Gefühl von Weite ist mit ihm verbunden, und Durchblick. Das Blau bleibt. Es wandert umher, sucht sich einen guten Ort.

Da schwebt schon das Gelb heran. Zitronengelb. Quietschend und lachend vor Glück. Gelb. Mal sanft und zart, mal krass und laut. Gelb macht froh, Gelb lässt alles erblühen, Gelb klärt. Wie trist wäre wohl alles, ohne Gelb!? Auch das Gelb kann sich verändern. Seinen Platz findet es schnell. Es jagt förmlich darauf zu … Gelb.

Und wenn es das Blau streift, entsteht eine neue Farbe. Grün. Grün ist heiter. Und fest. Grün tönt etwas tiefer als Blau. Doch es kann sich auch erheben. Leicht sein, verzaubern. So vieles um uns herum ist grün. In den verschiedensten Abstufungen. Schön, erholsam, friedlich. Wohin lässt es sich ziehen? Gefällt es ihm zwischen dem Gelb und dem Blau? Oder mag es sich lieber einen ganz eigenen Raum suchen?

Wie ist es mit dem Rot? Feurig und stürmisch prescht es heran, wirbelt herum, bäumt sich auf und versackt. Nicht in Stille, sondern in Atemlosigkeit. Rot ist kraftvoll. Rot ist Energie. Und doch wirkt es so manches Mal wie sein eigener Schatten! Fast blass oder durchscheinend. Rot saust herum und entzündet in jedem neue Ideen. Leidenschaft. Gibt es für Rot Erholung? Pausen? Oder muss es ständig in Bewegung sein?

Und nun, in diesem Raum voller Farben, entwickelt sich zu einer sanften Musik ein kleiner Wirbel. Ganz leicht beginnen sich die verschiedensten Farben und Töne in ihren vielfältigen Abstufungen zu drehen, zu verdrehen. Entstehen neue Farben? Gänzlich unbekannte vielleicht?

Ein kleiner Farbfleck löst sich und bildet eigene Formen. Tanzt sein eigenes Lied. Singt mal leiser und dann wieder lauter. Die anderen tun es ihm gleich und ein gewaltiges Orchester aus Farbtönungen entsteht. Formiert sich zu etwas Neuem. Wie hört sich ihr Lied an? Eher sanft und erholsam? Oder eher kraftvoll und stark? Jeder bestimmt für sich selbst, was sein Orchester spielen soll, welche Lieder die Farben singen mögen.

Und dann, wenn es sich gerade eingespielt hat, verändert es sich wieder. Fühlt es sich ganz anders an. Wieder neu. Vielleicht wie nie gefühlt. Neu kreiert. Alles ist möglich. Alles ist erlaubt. Alles darf sein. Es steigt auf und ebbt wieder ab, wie eine ewig brennende Woge aus Farben, Formen, Tönen und Gefühlen. Und am Höhepunkt seines Seins, strömt ein wohliger Duft aus diesem Neuen hervor, hinterlässt einen weichen Geschmack in den Mündern, darf kühl sein und auch angenehm warm. So, wie es hier sein soll.

Und der Sturm der Farben versiegt, löst sich auf. Wie nie gewesen und doch immerdar. Trocken. Alt. Aber immer neu.

Nicht vergessen. Tief verwurzelt in allen Systemen. Erweckbar, lebendig, unaufhaltsam.

Die kraftvolle Sanftheit der Farben lächelt. Ein schöner Tanz. Ein Spektakel, das niemals aufhört. Genuss. Liebe.

Die Bedeutung der Geschichte:

Diese Geschichte steht für die Fülle in uns selbst und in unserem Leben und somit auch für die Fülle des Lebens selbst. Es geht um Individualität und Kreativität, um den Rhythmus im Leben, das Auf und Ab. Das Vor und Zurück. Und nicht zuletzt geht es um Lebendigkeit.

Jeder von uns ist mehr oder weniger eingebunden, trägt Verpflichtungen und Verantwortung. Immer mehr Menschen werden müde und leer vom Alltag und seinen Anforderungen. So sehr, dass dieser uns oft wie eine einzige Last vorkommt.

Am Ende sind es aber unsere eigenen Entscheidungen, die uns in diese oder jene Richtung tragen, auch wenn wir das nicht immer so sehen oder wahrhaben wollen. Es gibt viele Dinge, die gegeben sind. Wie zum Beispiel das Wetter. Oder die Jahreszeiten. Der Alterungsprozess. Es gibt aber auch sehr vieles, das wir selbst bestimmen und/oder verändern können.

Wenn Ihnen diese Geschichte gefallen hat:

Vielleicht sehnen auch Sie sich nach neuer Kraft, in der Sie so sein dürfen wie und was Sie sind!? Dann schauen Sie sich doch einmal in Ihrem Leben um:

- Wo kann ich mein Leben lebendiger gestalten?
- Wie lebe ich meine innere Kreativität und Wahrheit?
- Lebe ich meine innere Fülle ganz aus?
- Was macht mich aus?
- Was ist besonders an mir?
- Worin besteht meine Vielfältigkeit?

5. Ein Tag am Meer

Ich sitze am Strand auf meiner Jacke, denn die Sonne meint es mit ihrem Licht und ihrer Wärme heute ganz besonders gut. Es ist schön, so in der Sonne zu sitzen. Und es tut meiner Haut gut, von ihr gewärmt zu werden. Ich schließe meine Augen. Hinter meinen Lidern sehe ich orange-rote Farbkreise. Das kommt von dem Licht der Sonne, das ich heute so genieße.

Über mir kreisen die rufenden Möwen im Rhythmus der Windströmung. Sie erinnern mich an vergangene Tage. An gute Tage. An Freude und Leichtigkeit. Das Meer rauscht im Wechsel von Kommen und Gehen. Es bringt längst vergessene Dinge mit sich: Treibgut, alte Geschichten und Melodien.

Ich genieße die sanfte Brise auf meiner Haut und in meinen wehenden Haaren. Es fühlt sich an, als würde mich der Wind mit seinen zartesten Fingern streicheln. Liebevoll, wie eine gute Mutter. Mit einem Lächeln in den Augen, das an Geborgenheit und Vertrauen erinnert.

Ich atme die salzhaltige Luft in mich hinein. Sie strömt durch mich hindurch und versorgt meinen Körper mit Sauerstoff, bevor sie ihn wieder verlässt. Nahrung für meine Lungen. Sie saugen sie auf, entfalten sich. Genießen, wie ich.

Es riecht nach Meer. Nach Sommer. Hinter meinen geschlossenen Augenlidern tanzen immer noch die orange-roten Kreise. Es ist, als könnte ich selbst die Wärme riechen und den Sand um mich herum, der golden in der Sonne schimmert.

Meine Schultern entspannen sich. Ein Seufzer entschlüpft meinem Mund. Und auf meiner Zunge schmecke ich Salz und Sand. Ich lächle. Ich könnte ewig hier so sitzen und mich in das Bild der Natur um mich herum einfügen. Entspannen. Loslassen. Freilassen. Mich, meine Gedanken, meine Emotionen.

Frei-Sein. Hier und jetzt kann ich frei sein! Frei und mich dennoch geborgen fühlen. Sicher. Nur für jetzt, für diesen einen Augenblick. Frei von allen Konventionen, von allem »müssen« und »sollen«. Frei von mir. Und damit auch frei von allen gedanklichen Schranken.

Ich dehne mich aus. Fliege über den Strand und über das Meer. Ich tanze mit den Möwen am Himmel und winke der Sonne zu, die lächelnd auf mich herunter scheint. Frei. Ich atme diese Freiheit tief in mich hinein. In alle Zellen, in alle Poren. Selbst in jede noch so kleine Ecke, lasse ich dieses Frei-Sein in mich hinein fließen. Ich habe viel Platz in mir dafür.

Und ich genieße. Ich fühle mich leicht und ich fühle mich glücklich. Hier und jetzt ist alles gut. Hier und jetzt bin ich Eins mit mir und der Welt. Hier und jetzt ist alles klar und deutlich. Ich lasse mich treiben, auf den Flügeln des Windes. Spüre die Wärme der Sonne in mir. Es ist, als würde ich davongetragen, in eine andere Realität. In ein anderes Sein. Sicher und frei. Es tut so gut, einmal alles loszulassen. Sich treiben zu lassen. Im Vertrauen. In Verbundenheit.

Ich weiß, dass all das, was ich gerade erlebe, für immer in meiner Erinnerung gespeichert ist. Das ist schön, denn so kann ich diesen Tag jederzeit wieder lebendig werden lassen. Wann immer ich will. Wann immer ich mir die Zeit dafür nehme.

Gischt spritzt mir fröhlich ins Gesicht. Bin ich zu tief geflogen? Ich lache. Nein, ich sitze immer noch am warmen Strand auf meiner Jacke. Die Flut kommt langsam näher und hat mich schon fast erreicht. Ich seufze wohlig. Im Sand entdecke ich eine kleine, weiße Muschel. Ich hebe sie auf und streiche den feuchten Sand von ihren zarten Rillen. Sie ist ganz kühl und liegt leicht in meiner Hand.

Ich nehme sie mit nach Hause. Wann immer ich sie sehe, soll sie mich an diesen schönen Tag erinnern: an die Wärme der Sonne, an das Frei-Sein und an das Eins-Sein. An die Leichtigkeit und an die Freude heute. Sie soll mich daran erinnern, wie viel Raum in mir ist und wie sich Klarheit anfühlt, während man mit den Möwen im Wind tanzt. Ja, das ist eine gute Idee! Ich nehme etwas von hier und heute mit. Tief verbunden mit meinem Herzen.

Ich lächle still in mich hinein. Ich fühle mich geborgen und wohl. Ich weiß, dass ich alles sein kann, was ich will! Ich bin ein Teil dieser Welt und gut in ihr aufgehoben. Verbunden und dennoch frei. Ich kann mir jetzt wieder mehr vertrauen. Sehe die Dinge nun wieder so, wie sie sind. Nicht immer einfach und leicht, doch immer mit vielen Möglichkeiten. Und immer bin ich verbunden mit der Liebe der Welt in mir und um mich herum.

Ich spüre in mich hinein: Meine Muskeln haben sich gelockert und meine Lungen genießen immer noch das Salz der Meeresluft. Mit der kleinen Muschel in der Hand mache ich mich auf den Heimweg. Ich freue mich auf die Begegnung mit anderen Menschen. Und vielleicht erzähle ich ihnen dann von meinem Tag am Meer.

Die Bedeutung der Geschichte:

In dieser Geschichte geht es darum, sich frei zu machen von Vorstellungen und Meinungen – die ja meist nicht einmal unsere eigenen sind. Nur wenn ich in Kontakt zu mir selbst bin, kann ich spüren, was mir gut tut und was ich brauche! Sich treiben lassen, die Phantasie spielen lassen, fühlen, was gerade da ist.

Oft sehnen wir uns nach Ruhe. Ruhe vor unseren scheinbar endlosen Gedanken und Verpflichtungen. Ruhe von unseren Emotionen. Ruhe vom Druck, der auf uns lastet, und den Erwartungen in und um uns herum.

Wenn Ihnen diese Geschichte gefallen hat:

Vielleicht setzen Sie sich einmal bewusst hin und schreiben alles auf, was Sie wahrnehmen oder was Sie gerne verändern würden. Nur für Sie selbst:

- Was ist gut in meinem Leben?
- Was nehme ich gerade um mich herum wahr?
- Was spüre ich gerade in mir?
- Was möchte ich gerne verändern?

»Konzentriere dich auf die Mitte deines Herzens. Dort findest du ein Licht. Es ist ganz rosa und es fließt aus einer immerwährenden Quelle. Je mehr du es aussendest, umso größer wird es werden.«

6. Romai und das Drachengift

Romai saß an einem der Himmelsfenster und blickte sehnsüchtig auf die Erde. Wie gerne würde sie einmal wieder laufen und springen, von Herzen lachen und all das gute Essen kosten, das es dort unten gab. Schwärmerisch malte sie sich aus, was sie alles auf der Erde erleben wollte und versuchte sich noch intensiver an ihre bereits gelebten Inkarnationen zu erinnern. Ein Ausdruck von

Glück und Wohlempfinden lag auf ihrem zarten Gesicht, als Isum[1] sie so erblickte. Er schmunzelte, ging zu Romai hin, setzte sich neben sie und begrüßte seinen Schützling mit seinem Engelslicht.

Romai öffnete die verträumten Augen und seufzte: »Ach Isum, ich würde so gerne noch einmal auf die Erde gehen. Es gibt so wundervolle Dinge zu erleben und zu erfahren.«

»Du weißt Romai, dass das Leben auf der Erde nicht nur Spaß und Freude bedeutet. Jedes Wesen ist angehalten, alle Emotionen und Lebenslagen zu erfahren. In sämtlichen Abwandlungen und von allen Seiten«, antwortete Isum.

»Natürlich weiß ich das«, murrte Romai. »Das letzte Mal auf der Erde habe ich eine Hungersnot mitgemacht, ein schweres Fieber bekommen, mir einen Arm gebrochen und ich war als Dieb unterwegs gewesen. Ja, ich kenne die Regeln. Und trotzdem gefällt es mir auf der Erde! Die Sonne, der Wind, das Singen der Vögel ...«

»Ja, ja, schon gut!«, lachte Isum. »Du hast es verstanden! Und erinnerst du dich auch noch daran, dass jedes Wesen, je älter es wird, immer schwierigere Aufgaben lösen muss? Du bist nun schon inzwischen eine recht stattliche Seele. Deine nächste Inkarnation würde nicht so leicht werden.«

Romai schaute Isum fest in die Augen: »Ja, auch das weiß ich, Isum! Und ich weiß, ich kann es schaffen! Ich möchte es gerne versuchen!«

»Gut, kleine Romai! Das freut mich zu hören! Ich denke schon lange, dass es für deine nächste Inkarnation

---

1 Isum: Ein Schutzengel der Kranken, ein Engel, der vor allem zur Nachtzeit Schutz und Licht schenkt.

Zeit wird und weil diese wirklich nicht ganz einfach sein wird, werde ich als dein weiser Freund und Berater mit dir inkarnieren.«

Romai freute sich riesig und begann sofort, sich in Meditation zu versinken, um sich ganz und gar auf ihre neue Aufgabe vorzubereiten. Dann besprach sie mit Isum ein paar Details und ...

... inkarnierte als ein wunderschönes, kleines Mädchen.

Die ersten Jahre wuchs Romai recht zufrieden und gut behütet auf, doch dann stand schon bald ihre erste Aufgabe vor ihr. Da sie ein noch junges Menschenkind war, war die erste Aufgabe noch erträglich, doch mit den Jahren wurden diese immer schwieriger. Romai hatte natürlich längst vergessen, dass sie eigentlich ein Himmelswesen war. Und auch ihren Mentor Isum erkannte sie nicht mehr. Für sie war Isum lediglich ein weiser alter Mann, der sie mit aufzog und den sie liebte wie ihren Großvater.

Im Laufe der Zeit schlug das Schicksal immer öfter und härter zu, bis Romai als inzwischen erwachsene Frau vor ihrer größten Herausforderung stand. Es war, als würde sie vor einer unüberwindbaren Schlucht stehen und hinter ihr eine Feuersbrunst toben. Durch die Aufgaben der letzten Jahre war sie müde geworden und traurig. Und immer öfter fragte sie Isum, warum ihr das alles widerfahren würde, was sie denn verbrochen hätte. Und Isum versuchte ihr irgendwie klar zu machen, dass das alles nur Aufgaben waren, denen sie selbst zugestimmt hatte. Er versuchte sie an die schönen Dinge der Erde zu erinnern, die sie damals im Himmel so vermisst hatte, doch Romai tat Isums Erklärungen als das Geschwätz eines alten Mannes ab und verzweifelte immer mehr und mehr.

»Du hast alle Schicksalsschläge, die dir das Leben auferlegt hat, gut gemeistert«, begann Isum eines Morgens, als Romai besonders resigniert war. »Du hast Angst ertragen und tiefe Trauer. Du hast Schmerzen erduldet und puren Hass. Sämtliche körperliche Entbehrungen konntest du überstehen. Sage mir, Romai, was ist der Grund für deine Resignation?«

Romais Blick ging ins Leere. Sie dachte nach. Dachte an all die schrecklichen Dinge, die ihr bisher widerfahren waren, und heiße Tränen liefen ihr die blassen Wangen hinab. »All das, was ich bisher erlebt habe, kam von außen. Andere haben mir Schmerz zugefügt oder das Schicksal hat erbarmungslos zugeschlagen. Aber es kam von außen! Nun trage ich ein Gift in meinem Körper, das von innen arbeitet. Ich konnte mit all den äußeren Dingen lernen umzugehen. Doch ich weiß nicht, wie ich das Gift aus meinem Inneren heraus bekommen soll. Ich habe einfach nicht die geringste Idee!«

Isum legte ihr eine Hand auf die Schulter und sagte: »Komm, ich zeige es dir!«

Da führte er Romai unter einen Apfelbaum und bat sie, es sich auf dem Gras darunter bequem zu machen. Dann hieß er sie ihre Augen schließen und lange und tief zu atmen.

»Konzentriere dich auf die Mitte deines Herzens. Dort findest du ein Licht. Es ist ganz rosa und es fließt aus einer immerwährenden Quelle. Je mehr du es aussendest, umso größer wird es werden. Also beginne nun, dieses Licht durch deinen Körper zu schicken: Zuerst lass dein Herz ganz rosa werden und über dein gutes Herz hinaus, deinen Brustkorb. Lass das Licht in den Bauch fließen und in dein Becken, bis dein gesamter Rumpf in dem rosafarbenen Licht leuchtet. Und dann schicke es weiter in deine Beine hinein, bis in die Füße und Zehen. Und auch nach oben hin, lass es sich ausdehnen: in den Nacken und die Schultern, in deine Arme, die Hände und Finger und natürlich auch in deinen Kopf und in dein hübsches Gesicht hinein. Schicke dein rosa Herzenslicht in jede einzelne Ecke und in jede noch so kleine Spalte. Lass es in die Organe fließen und in die Knochen. Dein Blut, deine Haut und alle Zellen sollen rosa leuchten. Hast du das?«

Romai nickte.

»Dann«, fuhr Isum fort, »schicke dieses rosafarbene Licht aus der Mitte deines Herzens in das Gift, das sich in deinem Körper befindet. Das ist wichtig, Romai! Schicke so viel Licht in das Gift, wie du kannst. Jeden Tag zehn Minuten lang.«

Romai öffnete ein Auge und blickte ein wenig spöttisch zu Isum. »Und das soll nun helfen, Isum? Kann es sein, dass du einen zu viel gebechert hast? Ich habe Gift in mir! Verstehst du? Gift! Das heilt man nicht mit rosafarbenen Licht, sondern mit Heilmitteln, Isum.«

Romai begann gerade schon ein wenig ärgerlich zu werden, als Isum sich ganz nah zu ihr beugte und sagte: »Romai! Nichts ist außerhalb von uns und nichts in uns, kann unserem wahren Sein etwas anhaben. Wir alle sind Geschenke an die Welt und mit jedem Tag hier auf der Erde, machen wir sie mit unserem Mut zu einem besseren Ort. Wenn du verstehst, dass alles in dir ist, was du brauchst, dann kannst du alles ertragen und sogar auch heilen! Dieses rosafarbene Licht ist in jedem von uns. Es ist pure Heilkraft. Doch nicht jeder Mensch trägt den Mut in sich, es zu nutzen. Das ist unsere wahre Aufgabe hier auf der Erde: zu lernen, das zu nutzen, was in uns ist. Uns daran zu erinnern, dass alles, was wir wirklich brauchen, bereits da ist. Dort, in der Mitte dieses Lichts, gibt es nur Liebe und Frieden! Du musst jeden Tag zehn Minuten üben, dann wirst du selbst sehen. Doch wie gesagt: Dafür braucht es Mut! Mehr Mut als du dir jetzt vorstellen kannst, denn das irdische

Leben ist auf Materielles ausgerichtet und versucht uns die Illusion zu verkaufen, dass das die Realität ist. Doch das ist sie nicht! In Wahrheit sind wir geschöpft aus purem Licht und pures Licht werden wir auf ewig sein!«

Romai sah Isum tief in die Augen und irgendwo ganz tief in ihr war ihr, als hätte sie sich an etwas sehr Wichtiges erinnert. Und irgendetwas in ihr klickte. Sie verstand. Ihr Herz wurde weit und das erste Mal seit sehr langer Zeit lächelte sie. »Ich fühle mich auf einmal so leicht … und zuversichtlich! Was immer dieses Gift in mir auch vorhat: Ich werde mich davon nicht abhalten lassen! Ich werde mein Licht ausdehnen und das Gift damit überfluten! Ich verspreche dir Isum, von nun an werde ich jeden Tag üben!«

Was dann geschah? Na, Romai ließ wie versprochen jeden Tag ihr rosa Herzenslicht durch ihren Körper fließen und das Gift verdrängen. Nach ein paar Tagen fing sie wieder an zu singen und nach ein paar Wochen fühlte sie sich so gut, dass sie viele neue Pläne schmiedete.

Das Gift vergaß sie mit der Zeit und wenn es nicht ganz verschwunden war, so konnte es ihr immerhin nichts mehr anhaben. Isum begleitete Romai die gesamte Zeitspanne der Inkarnation. So, wie er es zu Beginn versprochen hatte. Und Romai hatte dieses Mal auf der Erde etwas gelernt, das sie weise werden ließ und sehr, sehr glücklich.

Die Bedeutung der Geschichte:

Das Leben läuft nicht immer so, wie wir uns das vorstellen oder wünschen. Oft begegnen wir unangenehmen Dingen, werden krank oder müssen mit einem schlimmen Schicksal zurechtkommen. Dennoch haben wir die Wahl, uns von all dem nach unten ziehen zu lassen, oder unseren Mut zu nehmen und darauf zu vertrauen, dass es eine heilende Kraft in uns gibt, die vielleicht nicht alles ungeschehen, aber vieles besser und/oder leichter machen kann. Die Voraussetzung dafür ist, dass wir uns auf uns selbst konzentrieren und unsere Energie bündeln.

Trauer, Wut und Schuldzuweisungen gehören zu vielen Prozessen dazu und brauchen Raum, um sich auszudrücken. Wichtiger ist jedoch, dass wir selbst die Dinge anpacken und verändern, denn nur wir selbst wissen, was wir wirklich wollen und brauchen!

Wenn Ihnen diese Geschichte gefallen hat:

Fragen Sie sich womit Sie hadern oder wo Sie vielleicht schon aufgegeben haben:

- Kenne ich meine Selbstheilungskräfte? (Wo im Körper wohnen diese? / Wie sehen sie aus? / Wie fühlen sie sich an?
- Bin ich bereit, die Verantwortung für mich und mein Leben voll und ganz zu übernehmen und jeden Tag in Kontakt mit meiner Selbstheilungskraft zu treten?
- Was würde mein innerer, weiser Berater mir sagen/raten?

Manchmal ist es gut, neue Entscheidungen zu treffen und zu sich selbst und zu dem, was einem wichtig ist, zu stehen. Denn der Weg zurück zu uns selbst ist immer da.

7. Jimmi

Jimmi schwamm schon seit Tagen im Meer herum. Er hatte sich ganz eindeutig verirrt. Er fürchtete sich. Und gefressen hatte er auch kaum was. Er war viel zu sehr damit beschäftigt, den Weg nach Hause zu finden.

Das war alles die Schuld seines Vaters! Er hatte Jimmi schrecklich ausgeschimpft, weil er sich mit dem zwielichtigen Benno eingelassen hatte. Dabei wollte er mit Benno gar nichts zu tun haben. Jimmi interessierte sich für dessen Schwester. Lin! Sie war einfach großartig. Wunderschön und unheimlich witzig. Jimmi hatte sich bis über beide Ohren in sie verliebt. Und weil er deshalb keinen Stress mit Benno bekommen wollte, hatte er sich ein paar Mal mit ihm getroffen

Benno war ein Großkotz und feige noch dazu. Was Jimmi aber am meisten störte war, dass Benno ständig die anderen Fische im Meer jagte und sie sogar bedrohte, wenn sie nicht taten, was er wollte. Jimmi war bisher von Bennos Attacken verschont geblieben. Vielleicht, weil sie nicht in dieselbe Klasse gingen. Benno war natürlich einmal sitzen geblieben, weil er zu oft geschwänzt hatte.

Jimmi hatte Benno noch nie gemocht. Schon in der Fisch-Krippe war Benno streitsüchtig und unausstehlich gewesen. Doch wenn er mit Lin zusammen sein wollte, kam er an Benno nicht vorbei! Deshalb war Jimmi auch einverstanden gewesen, als Benno ihn fragte, ob er mit zum dunklen Riff schwimmen würde. Das dunkle Riff war sehr gefährlich. Nicht nur wegen der vielen Strömungen, sondern weil dort ein mieser, alter Tigerhai lebte, der alles fraß, was ihm vor die krumme Schnauze kam. Deshalb war es allen jungen Fischen strikt untersagt, sich diesem alten Riff auf 500 Metern zu nähern.

Jimmi wusste das natürlich! Doch wenn er kneifen würde, hätte sich die Sache mit Lin schon erledigt, bevor sie richtig angefangen hätte. Also folgte er Benno und ließ sich seine Unruhe nicht anmerken.

Sie waren noch gar nicht richtig nah am Riff, als Jimmi die Stimme seines Vaters hörte, die ihn unmissverständlich aufforderte, ihm unverzüglich zu folgen. Was für eine Blamage! Benno grinste schief und rief ihm einen miesen Spruch hinterher, von wegen Feigling und Vater-Söhnchen. Also tat Jimmi das Einzige, was er tun konnte: Er ignorierte seinen Vater und schwamm geradewegs auf das alte Riff zu. Benno glotze ihm verdutzt hinterher, pfiff anerkennend und schwamm ihm nach.

Jimmi hatte schreckliche Angst. Vor dem Tigerhai, aber noch viel mehr vor den enttäuschten Augen seines Vaters, der unaufhörlich nach Jimmi rief. Benno hielt sich ein gutes Stück hinter ihm und so schwamm Jimmi geradewegs ins dunkle Riff hinein. Es machte seinem Namen alle Ehre. Es war wirklich stockfinster hier drinnen und es roch ganz merkwürdig nach Verwesung und Tod. Jimmi überlegte gerade noch fieberhaft, wie er aus dieser Nummer wieder herauskommen sollte, als zwei glühende Augen vor ihm auftauchten. Er schrie auf und drehte sich auf der Stelle um. Er schwamm so schnell er konnte, doch der Tigerhai war ihm dicht auf den Fersen. Benno hatte sich derweil in einer kleinen Höhle versteckt. Jimmi sah ihn nur aus den Augenwinkeln, doch er fühlte sich verraten und im Stich gelassen.

Der Tigerhai brüllte vor Zorn und verfolgte Jimmi mit einem solchen Getöse, dass das ganze Meer um sie herum zu beben schien. Jimmis Herz raste und er wünschte sich in diesem Moment nichts mehr, als heil aus dieser Sache herauszukommen.

Jimmi schwamm um sein Leben, und da er weder nach rechts noch links schaute, bekam er auch nicht mit, wohin es ihn trieb. Er wusste nicht, wie lange die Verfolgung gedauert hatte, doch irgendwie hatte er es dann doch geschafft, den Tigerhai abzuschütteln, indem er sich hinter einem bunten Korallenstrauß versteckte. Der Hai suchte ihn noch eine Zeit lang, gab dann aber auf und schwamm davon.

Jimmi hielt sich sicherheitshalber noch ein bisschen versteckt, bevor er sich wieder vorsichtig hinauswagte. Ja, der schaurige Tigerhai war tatsächlich weg. Doch wo um alles in der Welt befand er sich nun? Hier war ihm alles fremd. Nichts, was ihm irgendwie vertraut vorkam.

Er versuchte sich zu orientieren, doch das machte keinen Sinn, denn egal wohin er auch blickte: es blieb alles fremd und neu. Also schwamm er einfach in irgendeine Richtung, in der Hoffnung, es möge die richtige sein.

Nach einer Weile merkte Jimmi, dass er sich hoffnungslos verirrt hatte. Wie sollte er nur wieder nach Hause finden? Und welche Sorgen sich seine Familie nun machen würde …! Könnte er doch nur alles ungeschehen machen! Er war enttäuscht von Benno. Er hatte sich einfach nur selbst in Sicherheit gebracht, anstatt ihm zu helfen! Wäre Benno nicht so gewalttätig und hätte er sich nicht vor seinen Aktionen fürchten müssen, wäre er nie zum alten Riff geschwommen. Und sein Vater war auch schuld! Was musste er denn genau in diesem Moment auftauchen und ihn so blamieren!? Er hatte doch gar keine andere Chance gehabt, als sich dem Tigerhai zu nähern! Was hätte er denn tun sollen? Wenn er seinem Vater gehorcht hätte, hätte er vor Benno sein Gesicht verloren. Doch was noch viel schlimmer gewesen wäre: Er wäre dann auf ewig Bennos Hänseleien ausgesetzt gewesen und Lin hätte er sich auch abschminken können!

Jimmi seufzte. Traurig schwamm er weiter. Hin und wieder, wenn der Hunger zu groß wurde, nagte er an ein paar Algen. Schlafen konnte er so gut wie gar nicht und so wurde er immer hoffnungsloser und erschöpfter. Ob er jemals den Weg nach Hause finden würde?

Jimmi schwamm und schwamm. Schon seit Tagen kreisten seine Gedanken nur noch um diese eine Situation am Riff. Um Benno, seinen Vater und um Lin.

Er wusste einfach nicht, was er tun sollte. Zu schwer zerrten seine Gedanken an ihm. Zu dunkel waren seine Gefühle und zu weit der Weg nach Hause.

Als er eine unbewohnte Muschel fand, legte er sich völlig entmutigt hinein und schloss die Augen. Langsam fiel er in einen tiefen Schlaf. Er träumte von Zuhause. Von dem Lachen seiner Geschwister und den Spielen mit seinen Freunden. Er träumte von Lin, die ihm immer wieder verstohlen zuzwinkerte, und von Benno, der wegen seiner ganzen Gaunereien weggesperrt wurde. Er träumte von einem Kampf mit dem Tigerhai, der in einer unglaublichen Schlacht von dem ganzen Fischschwarm vertrieben wurde, und von einem großen Fest nach seiner Rückkehr.

Als Jimmi aufwachte, atmete er tief ein, schüttelte sich und schwamm so hoch an die Meeresoberfläche, wie er konnte. Von hier oben hatte er einen guten Überblick. Und während er immer höher und höher schwamm, wurde ihm klar, was der Grund seiner misslichen Lage war: Er hatte sich selbst aus den Augen verloren! Viel zu sehr war er damit beschäftigt gewesen, was andere Fische von ihm dachten und erwarteten! Wollte er denn wirklich mit Lin zusammen sein, wenn diese ihn nicht so akzeptierte, wie er war? Und war es nicht nur dumm und gefährlich, sich mit Benno einzulassen, sondern nicht vielleicht auch der Anfang seiner eigenen kriminellen Karriere? Und sein Vater? Jimmi wusste sehr genau, dass sein Vater ihn nur hatte beschützen wollen! War es denn wirklich peinlich, wenn die Familie zusammenhielt, sich gegenseitig beschützte? Jimmi seufzte. Nein, er konnte wirklich stolz auf seine Familie sein und er wusste, dass er stark genug war, um »Nein« zu Benno zu sagen! Und wenn Lin ihn nicht so mochte wie er war, dann war sie nicht die Richtige für ihn – auch wenn ihm das sehr leid tun würde. Aber Jimmi war nicht mehr bereit, sich für andere zu verbiegen! Er wollte sich nicht mehr selbst verraten.

Jimmi drehte sich an der Wasseroberfläche langsam im Kreis. Und ja! Tatsächlich konnte er in einiger Entfernung die Masten des Seglers erkennen, der die Hauptattraktion im Vergnügungspark war. Von dort kannte er den Weg Heim!

Jimmi jubelte und schwamm so schnell er konnte, geradewegs in die Arme seines Vaters!

Die Bedeutung der Geschichte:

Manchmal fühlen wir uns wie verirrt oder verloren. Oder wir stellen fest, dass wir auf das falsche Pferd gesetzt haben. Dann tut es gut, ruhig zu werden und aufzutauchen, um sich einen Überblick zu verschaffen. Manchmal ist es gut, neue Entscheidungen zu treffen und zu sich selbst und zu dem, was einem wichtig ist, zu stehen. Denn der Weg zurück zu uns selbst ist immer da. Wir müssen ihn nur beschreiten, auch wenn das bedeutet, dass wir zu jemandem oder zu etwas Nein sagen müssen. Das erfordert Mut und Treue zu uns selbst. Und auch hier können wir wählen: Die Zufriedenheit der anderen, oder unser eigenes Glück und Wohlergehen!

Wenn Ihnen diese Geschichte gefallen hat:

Haben Sie auch hin und wieder den Eindruck, dass Sie sich selbst nicht richtig treu sind? Dann fragen Sie sich:

- Wo gehe ich faule Kompromisse ein?
- Wo sage ich Ja, obwohl ich Nein meine?
- Wo gehe ich (unnütz) ein Risiko ein?
- Wo bringe ich mich wissentlich in Gefahr? (Lebensstil, Essen, Alkohol, Kriminalität, Sucht …)
- Wo ignoriere ich meine innere Stimme/Alarmanlage?
- Wo verrate ich mich selbst?
- Wo lasse ich mich im Stich?
- Wo verzettle ich mich / verirre ich mich? (Einstellungen, Meinungen, Freundschaften …)
- Wo lasse ich mich wider besseren Wissens auf etwas ein, das mir zuwider ist?
- Wo gebe ich anderen die Schuld für meine Entscheidungen?
- Wo folge ich fremden Erwartungen?

Um Ruhe zu finden, aufzutanken, zu heilen, aber auch, um sich selbst zu erkennen und zu wissen, was man will, braucht es manchmal ein wenig Abstand vom Alltag.

8. Im Tal der goldenen Sonne

Ganz nah, und doch verborgen unter Gedanken und Emotionen, liegt das Tal der goldenen Sonne. Es ist einem jeden gestattet dorthin zu reisen, wenngleich auch nur wenige Auserwählte den Weg dorthin zu finden vermögen.

Das Besondere liegt darin, auf den Schwingen des Windes der Leichtigkeit zu reisen, wofür man gewillt sein muss, loszulassen und sich der Strömung in sich selbst hinzugeben.

Man muss nichts weiter tun, als langsam immer tiefer und tiefer zu gleiten. Alle Muskeln zu lockern und sich sachte vom Alltag zu lösen. Der eigene Atem kann da ein guter Begleiter sein, denn er kennt den Weg dorthin sehr genau. Und so kann es hilfreich sein, seinem Atem zu folgen und ihm zu vertrauen. Mit jedem Atemzug darf man sich ein kleines Stückchen weiter in die Ruhe sinken lassen. Die vielen kleinen und großen Muskeln im ganzen Körper werden warm und weich. Auch sie erlauben sich, loszulassen und zu genießen.

Vielleicht bemerkt man dann gar nicht, wie weit man schon gereist ist. Doch mit der Ruhe und dem angenehmen Wohlgefühl ist auch ein Weg entstanden. Erst noch kaum wahrnehmbar, wird er von Atemzug zu Atemzug immer breiter und leichter begehbar. Er führt geradewegs in das Tal der goldenen Sonne.

Das Erste, das man in diesem wunderbaren Tal sieht, ist ein kleiner, klarer See. Wer in ihn hineinblickt, kann seine geheimsten Wünsche sehen, seine Sehnsüchte und seine Hoffnungen. All das, was man gerne sein mag und was einem für dieses Leben wichtig erscheint. Manchmal dauert es nur einen kurzen Augenblick und man kann sich selbst im Spiegel des Sees erkennen. Hin und wieder braucht man aber auch ein wenig Zeit und Geduld, bis sich die Wasseroberfläche beruhigt hat und einem den Blick auf sich selbst erlaubt. Der eine sieht gleich alles klar und deutlich, der andere vielleicht nur ein kleines Symbol oder einen Ausschnitt aus der gesamten Fülle des Möglichen. Und wenn es gerade nicht der rechte Zeitpunkt ist, kann man ja jederzeit wieder hierher zurückkommen. Denn dieses Tal ist unvergänglich.

Am gegenüberliegenden Ufer können diejenigen, die schon völlig gelöst sind, einen leuchtenden Strahl erkennen. Beim Näherkommen kann man einzelne, glänzende Stufen sehen, die hoch in den strahlendblauen Himmel führen. Es ist ganz leicht, diese Stufen hinaufzugehen. Einerseits kann man sich dabei leicht und gelassen fühlen, andererseits auch sicher und gehalten. Es ist, als gleite man über die warme Erde, die ihre starke Wurzelkraft durch unsere Füße in uns abgibt. Das Gefühl der Geborgenheit wächst und heilt alles, was sich leer anfühlt. Wer sich traut, gibt einfach alles Belastende an das erdige Warm ab, lässt sich tragen, von dem Gedanken der Sicherheit. Manch einer spürt dabei seine Füße und Beine leicht kribbeln oder sieht seine festen Wurzeln wie von selbst in die Erde wachsen.

Aber es ist auch ein wenig wie hochgezogen werden. Leicht und beschwingt. Die Reise auf dem Strahl ist angenehm, regelrecht wohltuend. Denn es scheint, als könne man alles hinter sich lassen, was unangenehm ist.

Nach einer Weile erreicht man eine gleißende Ebene. Hier ist das Herzstück der goldenen Sonne und jeder, dem es danach verlangt, ist eingeladen, sich niederzulassen und es sich bequem zu machen. Inmitten des Goldes ist ein Wesen zu erkennen, das einen jeden sachte berührt. Genau an den Stellen, die einer Heilung bedürfen. Das kann die Seele sein oder der Körper. Vielleicht der Kopf oder das Herz …

Was auch immer es sein mag, dieses lichtvolle Wesen kann es erkennen und gibt seine Heilkraft an uns ab.

Das fühlt sich bei dem einen leicht und prickelig an, und ein anderer spürt vielleicht ein Ziehen oder ein Raunen, das durch den gesamten Körper summt. Was auch immer von dir wahrgenommen wird – mit Sicherheit wird sich dabei die Kraft des Wesens in dir entfalten!

Die goldene Sonne scheint immerzu in diesem wundervollen Tal und es ist uns erlaubt, jederzeit hierher zurückzukommen. Für heute können wir uns für das Empfangene bedanken und uns langsam auf den Rückweg begeben. Den Schatz, den wir hier gefunden haben, dürfen wir mitnehmen.

Und genauso leicht und angenehm wie der Weg hierher, ist auch der Weg zurück an den See. Er zeigt immer noch unsere geheimsten Wünsche. Wer vorhin nicht hineinblicken wollte, hat jetzt noch einmal die Gelegenheit dazu. Oder vielleicht ist das Bild nun klarer oder vollständiger als zuvor.

Alles, was wir hier gefunden haben, gehört uns selbst. Wir dürfen daher auch selbst wählen, was wir hier lassen wollen und wovon wir uns nun auch im Alltag begleiten lassen möchten.

Den nächsten kräftigen Atemzug, der an uns vorbeizieht, können wir nehmen und auf ihm zurückreisen, zu uns selbst. Die Frische und das Glück in unserem Herzen weisen uns den Weg, sodass wir völlig klar, erfrischt und uns an alles gut erinnernd wieder ganz und gar im Hier und Jetzt ankommen.

Die Bedeutung der Geschichte:

Hier geht es um Ruhe und Ausruhen, Auftanken, Heilen, aber auch darum, sich selbst zu erkennen und zu wissen, was man will. Dafür braucht es manchmal ein wenig Abstand vom Alltag oder auch einfach neue Energie, die uns wieder erfrischt und klärt.

Wenn wir die ersten Hürden genommen haben und bereit sind loszulassen, vermehrt sich meistens ganz automatisch das Vertrauen in uns, das wir brauchen, um zufrieden sein zu können.

Wenn Ihnen diese Geschichte gefallen hat:

Vielleicht fragen ja auch Sie sich, wie Sie es schaffen können, loszulassen, zu vertrauen und mit dem Fluss des Lebens zu schwimmen?!

- Wer bin ich wirklich?
- Wo gibt es bei mir / in meinem Leben Dinge, die geheilt werden wollen? (In meinem Körper, in meinem Denken, Fühlen, in meinen Beziehungen ...?)
- Was brauche ich, um loslassen zu können?

Der Waldsee steht für unser tiefstes Unterbewusstsein, die Heimat unseres inneren Kindes. Um mit ihm in Kontakt zu treten, braucht es gar nicht so viel: ein wenig Achtsamkeit, Ruhe und Zeit.

9. Der Waldsee

Warst du schon einmal an einem Waldsee? Inmitten von hohen Bäumen, wilden Sträuchern und saftigen Gräsern? Hast du schon einmal gesehen, wie vielfältig die Farben um solch einen Waldsee sind? Von tiefschwarz bis hellgelb ist alles vorhanden, in sämtlichen Schattierungen und Intensitäten.

Und ist dir auch schon einmal aufgefallen, wie viele verschiedene Geräusche um so einen See herum zu hören sind? Laute und leise, grummelige und sanfte, dunkle und piepsige.

Aber an einem Waldsee gibt es noch viel mehr zu entdecken: Man kann den Harz der Bäume riechen und das Süß vereinzelter Blumen und kleiner Früchte. Und wer schon einmal dort gewesen ist, weiß, wie sanft das Moos die Fußsohlen streichelt und wie rau ein Dornenzweig an der eigenen Haut zerren kann. Doch nichts geht über den Geschmack einer reifen Walderdbeere oder den heimlichen Genuss von ein wenig wildem Honig!

Jeder Waldsee ist etwas ganz Besonderes und hat seinen eigenen geheimen Zauber, und wenn du dich traust, ganz alleine dorthin zu gehen, wenn du bereit bist, dich diesem Zauber zu öffnen, dann kann ein kleines Wunder geschehen!

Du glaubst mir nicht?

Komm mit mir mit, ich zeig es dir:

Der Waldsee, den ich dir zeigen möchte, liegt tief in einem dunklen Wald. Er ist an manchen Stellen schon ganz schön moorig geworden, und nur ganz selten kommt hier ein menschliches Wesen her, denn den meisten Leuten ist der Weg dorthin zu beschwerlich – oder zu unheimlich! Wenn die Sonne untergeht, wird dieser Ort in der Tat ganz schön düster, doch im Licht der Sonne ist es ein wunderbarer Platz, zum Träumen, Nachdenken, oder um ganz bei sich zu sein. Er lädt regelrecht dazu ein, sich ganz auf sich selbst zu konzentrieren: auf die verborgenen Gedanken und Gefühle, die tief in fast jedem von uns schlummern.

Und was das mit Zauber zu tun hat? Was meinst du? Hast du noch nie erlebt, wie eine Erkenntnis dich verzaubert hat? Bestimmt! Und erinnerst du dich daran, dass die ganze Welt dann ein wenig anders zu ticken schien? Ein wenig verändert sah sie dann aus: Die Umgebung, der Blick auf andere …

Das ist Zauber!

Doch an so einem Waldsee geht der Zauber noch ein wenig weiter und irgendwie auch ein wenig tiefer. Vielleicht hat das ja mit der Stille dort zu tun, der guten Luft – oder einfach mit all den möglichen Möglichkeiten im Herzen der Natur!

Wenn man nämlich ganz still wird, seinem Atem lauscht und mit dem Herzen im Hier und Jetzt ankommt, wenn man darauf vertraut, dass man sicher ist und geborgen, und wenn man dann seinen Blick ganz sanft auf die glatte Oberfläche des Sees richtet, dann geschieht etwas im Inneren des Sees. Zuerst wird man es gar nicht bewusst wahrnehmen, denn es ist einfach viel zu subtil. Doch wenn man sich ein wenig Zeit nimmt, einfach weiter atmet und beginnt, mit seinem Herzen zu sehen, dann wird man früher oder später die leisen Regungen der Seenwelt bemerken. Zuerst spürt man es bloß ganz zaghaft und man fragt sich, ob es echt ist oder nur erträumt. Doch mit der Zeit wird das innere Gefühl zur Gewissheit, und wenn man sich ganz sicher ist, fängt man auch an, zu sehen. Und auch das Sehen geschieht nicht plötzlich, sondern von Augenblick zu Augenblick.

Es ist gut, ganz alleine dort zu sein, ohne den Gedanken, etwas nicht richtig zu machen. Einfach in sich zu ruhen und seinen Wahrnehmungen zu vertrauen. Ja, auch das braucht seine Zeit! Muss oftmals erst entwickelt, erst einmal erweckt werden. Aber es ist möglich! Und an solch einem geheimen Zaubersee geht das alles ein klein wenig schneller.

Ich kann gut verstehen, wenn du mir nicht glaubst, doch ich weiß, dass es geschehen wird: Inmitten des sich Einlassens und mit dem See Verschmelzens erwacht in der Tiefe ein vergessenes Wesen. Es ist wunderschön, sanft und freundlich. Und mit jedem weiteren Atemzug steigt es höher und höher an die Oberfläche, um dir zu begegnen. Es wartet schon so unendlich lange auf diese Begegnung mit dir und lächelt dich mit großen, erwartungsvollen Augen an. Es ist ganz aufgeregt und neugierig auf dich!

Wenn du dich traust, kannst du es ruhig ansprechen! Ihm erzählen, was du gerade denkst, was du fühlst, all das, was dich gerade so beschäftigt. Und wenn du ihm dann in die Stille folgst, wird es seine tiefe Weisheit mit dir teilen und dich dorthin führen, wo alle Antworten zu finden sind.

Manchmal dauert diese Reise nur ein paar Minuten. Und manchmal dauert sie mehrere Stunden. Immer so, wie es richtig und passend ist. Doch immer ist es zauberhaft und phantastisch – so etwas wie ein kleines Wunder!

Das Schöne ist, dass du wann immer du willst zu diesem Waldsee gehen kannst. Dich einfach ins weiche Gras oder auf einen Baumstamm setzen und geschehen lassen kannst, was sein soll. Das freundliche Wesen wird immer zu dir kommen und dich begleiten auf deiner Reise zu dem Ort der Antworten.

Du musst dich danach auch nicht fragen, ob es tatsächlich geschehen ist: Das ist es! Doch eigentlich spielt das auch gar keine Rolle, denn an Zauberseen passieren sowieso immer nur Dinge, die dem eigenen Herzen gehören!

Also genieße die Ruhe, nimm die verzauberte Welt des Sees in dich auf und lass dich leiten, wohin es dich auch immer führen mag!

Die Bedeutung der Geschichte:

Der Waldsee steht für unser tiefstes Unterbewusstsein, die Heimat unseres inneren Kindes. Um mit ihm in Kontakt zu treten, braucht es gar nicht so viel: ein wenig Achtsamkeit, Ruhe und Zeit. Manchmal kommen die inneren Bilder dazu ganz schnell. Und manchmal dauert es eben, bis sich genügend Vertrauen aufgebaut hat.

Je öfter wir uns den Raum nehmen, um dieser inneren Stimme zuzuhören, umso leichter wird es uns fallen, diese Impulse wahrzunehmen. In ihnen verbergen sich meist weise Einsichten, die uns geradewegs zu mehr Lebensfreude und Wohlergehen führen.

Wenn Ihnen diese Geschichte gefallen hat:

Geht es Ihnen auch manchmal so, dass Sie zwar die Frage kennen, Ihnen die Antwort dazu aber partout nicht einfallen mag!? Das liegt oft daran, dass wir uns selbst zu sehr unter Druck setzen und uns weder den Raum noch die Ruhe gönnen, die es braucht, damit wir uns einer Sache bewusst werden können. Damit etwas an die Oberfläche unseres Bewusstseins gelangen kann, braucht es in erster Linie Zeit, aber genauso eine innere Bereitschaft, die Antworten, die in uns schlummern, auch zu hören und zu sehen:

- Was möchte sich mir mitteilen?
- Wo und wie kann ich mir einen Ort / einen Raum schaffen, um ganz mit mir zu sein?
- Wie kann ich mir ausreichend Zeit für mich selbst sichern, um mit meinen inneren Antworten in Kontakt zu kommen?
- Wie sehr vertraue ich eigentlich mir selbst und meiner inneren Stimme?
- Und welche Fragen in mir warten schon lange darauf, endlich beantwortet zu werden?

Es ist wichtig, zu erkennen, dass bereits alles in uns vorhanden ist, was wir brauchen, um glücklich zu sein, dass es in uns bereits strahlt und wir nur hinsehen und unsere eigene Schöhnheit und eigenen Schätze erkennen müssen.

10. Der kleine Porzellanverkäufer

So wie alle guten Geschichten, beginnt auch meine mit: Es war einmal …

Es war einmal ein kleiner Porzellanverkäufer. Selbstverständlich könnte es auch eine kleine Porzellanverkäuferin gewesen sein! Und im Grunde genommen war der kleine Porzellanverkäufer auch gar nicht klein. Es war eher so, dass er sich klein fühlte! Klein und traurig und irgendwie fehl am Platze.

Der kleine Porzellanverkäufer lebte am Rande einer großen Stadt und verdiente sich seinen Lebensunterhalt mit dem Verkauf und der Reparatur von Porzellan. Oh, er kannte sich außerordentlich gut mit Porzellan aus! Ganz egal, was es darüber zu wissen gab – er wusste es! So war es auch nicht verwunderlich, dass er ein gefragter Mann war.

Wenn ihr aber nun denkt, dass der kleine Porzellanverkäufer ein gutes Leben führte, dann irrt ihr euch! Er war nämlich ganz und gar nicht zufrieden. Im Gegenteil. Es war nämlich so, dass er kein eigenes Porzellan besaß. Er konnte also niemanden zum Essen einladen und sein Porzellan auch nicht mit dem von seinen Freunden oder Kollegen vergleichen. Und wie ihr euch sicher gut vorstellen könnt, quälte ihn dies sehr! Ständig sorgte er sich darum, was wohl die Leute sagen würden, wenn sie nur wüssten, dass er völlig ohne etwas dastand!? Sicher würden sie ihn auslachen und sich von ihm abwenden. So dachte der kleine Porzellanverkäufer. Deshalb suchte er ständig nach außergewöhnlichem Porzellan, mit ganz besonderen Formen und Farben, um endlich das richtige für sich zu finden. Doch keines schien richtig zu passen.

Und so blätterte er tagein, tagaus in Katalogen und schrieb Listen, auf was er beim Kauf achten wollte. Aber so sehr er sich auch bemühte, er fand einfach keins, das ihm gefiel. Und mit der Zeit wurde er darüber immer unzufriedener und immer trauriger und trauriger und trauriger.

Als er einmal ganz besonders erschöpft vom vielen Suchen war, fasste er den Entschluss, in ein fernes Land zu reisen. Er hatte gehört, dass dort ein weiser Mann leben würde, der den Menschen auf wundersame Weise half zu heilen und wieder glücklich zu werden.

Er packte also seine sieben Sachen, vergaß auch nicht seine Porzellan-Kataloge und die langen Listen, und machte sich auf den Weg zu dem weisen Mann.

Da vernahm er plötzlich – aus dem Nichts heraus – eine weit entfernte Melodie:

hmmmmm hmmm

Der kleine Porzellanverkäufer schüttelte verwundert den Kopf, dachte sich nichts weiter und machte sich auf den Weg.

Schließlich fand er den weisen Mann tatsächlich und erzählte ihm tagelang von Porzellan und von Formen und Farben und Listen, von seiner Traurigkeit und seinen Ängsten. Der weise Mann hörte ihm geduldig zu und lächelte ihn freundlich an. Manchmal irritierte das den kleinen Porzellanverkäufer. Dann hielt er inne, horchte auf seinen Herzschlag und lächelte zurück.

Doch die meiste Zeit zog und zerrte es in ihm und abends blätterte er dann wieder stundenlang in seinen Katalogen und schrieb Listen. Und wie er einmal wieder so dasaß und blätterte, hörte er wieder diese merkwürdige Melodie:

hmmmmm hmmm hmmmmm
hmmm hm

Wieder schüttelte er sich, schimpfte ein wenig über die rücksichtslosen Nachbarn und suchte weiter nach seinem perfekten Porzellan.

Das ging eine ganze Weile so, bis er es eines Tages satt hatte, zum weisen Mann ging und sagte: »So geht es nicht weiter! Ich finde einfach nicht das richtige Porzellan für mich! Bitte hilf mir!«

Da nahm ihn der weise Mann an die Hand und führte ihn in einen Raum. Dort stand ein wunderbar glänzendes und blinkendes Porzellan, bei dessen Anblick dem kleinen Porzellanverkäufer der Mund offen stehen blieb. Ganz benommen vor lauter Staunen fragte er nach dem Besitzer und der weise Mann sagte: »Das ist mein Porzellan. Komm her! Ich zeige dir etwas!« Und er nahm einen Teller und sagte: »Schau dir die Farben an! Sie sind hier und da schon ein wenig verblasst. Und da hinten steht eine Tasse, die einen kleinen Sprung hat. Und ehrlich gesagt« - und dabei kicherte der weise Mann ganz schelmisch - »fehlt mir der Deckel von der Zuckerdose. Aber ich finde es eigentlich ganz praktisch. Denn so komme ich viel, viel schneller an den Zucker!«

Der kleine Porzellanverkäufer war ganz durcheinander. Er konnte einfach nicht verstehen, warum dieses Porzellan so blinkte und glänzte, obwohl es doch gar nicht perfekt war! Und als er den weisen Mann danach fragte, antwortete dieser: »Es glänzt und blinkt so, weil ich es liebe!«

Nun verstand der kleine Porzellanverkäufer gar nichts mehr, lief zurück in sein Zimmer und begann ganz fürchterlich zu weinen. Er wusste nicht einmal genau, warum er so weinte, doch es floss einfach aus ihm heraus! Und nach einer Weile wurde er plötzlich unendlich wütend. So dass er lautstark vor sich hin schimpfte und schrie und stampfte, wie gemein und ungerecht doch alles sei – und überhaupt!

Und als er alle Wut herausgebrüllt und auch die letzten Tränen herausgeweint hatte, wurde er ganz still. Ruhe breitete sich in ihm aus und ganz leise wehte von weit, weit her, die alte Melodie zu ihm herüber:

hmmmmm hmmm hmmmmm
hmmm hm hmmmmm hmmm
hm hmmm

Und auf einmal war ihm, als würde sich eine uralte Türe in ihm öffnen. Warmes Licht floss aus ihm heraus, dehnte sich aus und tauchte die Welt um ihn herum in strahlendes Gold.

Und da sah er es! Es war unglaublich schön! Viel schöner, als jedes Porzellan, das er bisher gesehen hatte.

Er nahm einen Teller und stellte fest, dass ihm eine kleine Ecke fehlte. Die Schüssel hatte einen Sprung und es standen auch nicht mehr alle Tassen im Schrank. Aber es fehlte bloß eine winzig kleine Espresso-Tasse, und die war ihm sowieso nicht so wichtig!

Da Begriff der kleine Porzellanverkäufer – der ja eigentlich gar nicht klein war – dass es schon immer da gewesen war! Liebevoll blickte er auf sein eigenes Porzellan. Und da spürte er eine ganz merkwürdige Kraft in ihm hochsteigen. Merkwürdig und doch unendlich vertraut. So, wie diese alte Melodie, die ihn schon so lange begleitete. Und zum ersten Mal verstand er auch die Worte, die mit der Melodie zu ihm herüber getragen wurden: Sie sangen vom Wind. Vom Wind, der einen nach Hause trägt. Nach Hause zu sich selbst.

Da schloss er die Augen und lächelte still in sich hinein.

Spirit of the wind, carry me
Spirit of the wind, carry me home
Spirit of the wind, carry me home
to myself[2]

2 Text und Melodie stammen von (der Schamanin/ Sängerin und Autorin) Brooke Medicine Eagle

Die Bedeutung der Geschichte:

So oft sind wir unzufrieden mit uns selbst und sehen nicht einmal mehr, was wir an Gutem haben. Erkennen weder unsere eigene Schönheit, noch die Schätze, die wir in uns tragen. Wir vergleichen uns mit anderen, mäkeln an uns herum und werden mit der Zeit immer unzufriedener und trauriger, bei den niemals enden wollenden Bemühungen, perfekt zu sein. Zu erkennen, dass bereits alles in uns vorhanden ist, was wir brauchen, um glücklich zu sein, zu erkennen, dass es in uns bereits strahlt und wir nur hinsehen müssen, ist nicht immer leicht. Man sagt, Schönheit liegt im Auge des Betrachters. Und alles, was wir mit den Augen der Liebe betrachten, ist schön!

Wenn Ihnen diese Geschichte gefallen hat:

Fragen Sie sich doch einmal, wie sehr Sie sich lieben. Auf einer Skala von eins bis zehn (zehn bedeutet vollkommene Selbstliebe), wie sehr lieben Sie sich selbst? Und wie können Sie diese Liebe zu sich selbst noch verstärken oder festigen?

- Wo bin ich unzufrieden mit mir und woran liegt das?
- Wenn alles so wäre, wie ich es mir wünsche, wenn alles nach meinen Vorstellungen perfekt wäre, wäre ich dann wirklich glücklich?
- Was hindert mich daran, mich selbst als schön und wertvoll zu sehen? (Innen wie außen)

11. Erinnerungen

Heinrich stand am Fuße des Berges, den er schon sein ganzes Leben lang kannte. Als kleiner Junge war er hier mit seinen besten Freunden um die Wette gelaufen, hatte Kaninchen gejagt und verborgene Eingänge von nicht vorhandenen Höhlen gesucht. Er war hier glücklich gewesen, hatte sich frei und gleichzeitig geborgen gefühlt. Hier war sein Herz Zuhause.

Nun kam er nur noch während seines Urlaubes hierher, oder wenn jemand beerdigt wurde, den er gekannt hatte. Nicht, dass er nicht zufrieden mit seinem Leben in der Stadt gewesen wäre. Doch hier, mitten in der Schönheit des Berges, schien sein Herz zu hüpfen und zu springen. Hier war er irgendwie mehr er selbst.

Heinrich seufzte und stieg ein paar Meter weiter auf den Berg. Jeden Stein und jeden Busch kannte er. Er wusste das Wetter zu deuten und wie er sich mit ein paar wenigen Handgriffen einen festen Unterschlupf bauen konnte, sollte ihn doch einmal ein plötzliches Gewitter überraschen. Und dort drüben, hinter einem kleinen Vorsprung, hatte er zum ersten Mal ein Mädchen geküsst. Miriam aus der 2a. Innerlich lachend setzte sich Heinrich auf einen recht glatten Felsen und erinnerte sich, wie aufgeregt er gewesen war, als er Miriams Kopf in seine kleinen Hände nahm und ihr einen dicken Schmatzer auf den Mund drückte. Danach waren sie beide sehr verlegen gewesen und er war dankbar, als der Himmel sich zuzog und sie schneller als geplant den Heimweg antreten mussten. Miriam war dann auch ein paar Tage später weggezogen und Heinrich hatte sie und den Kuss schnell vergessen.

Erst jetzt erinnerte er sich wieder daran. Jetzt, wo er hier saß und seinen Berg mit jedem einzelnen Atemzug in sich aufsog.

Zuhause, also in der Stadt, in der er nun lebte, ging es ihm gut. Er hatte seine Familie dort, einen gut bezahlten Job und eine edel eingerichtete Wohnung. Er fuhr ein anständiges Auto und hatte auch sonst genügend finanzielle Sicherheit, sodass er sich und seiner Familie den einen oder anderen Wunsch erfüllen konnte. Alles war in bester Ordnung.

Doch immer dann, wenn er sich ein paar Minuten Zeit für sich selbst nahm – und das geschah wirklich äußerst selten - sah er immer seine alte Heimat vor seinem inneren Auge auftauchen.

In den letzten Jahren war er kaum noch hier gewesen. Seine Kinder wollten die Welt entdecken und auch seine Frau träumte von Luxus-Urlauben, anstatt von Feldern und Wiesen auf dem Lande.

Aber inzwischen hatte sich so vieles geändert: Die Kinder waren ausgezogen und seine Frau engagierte sich für mittellose Familien. Seine Rente war durch und nachdem er sich ein paar Wochen hin und her gequält hatte, weil er weder etwas mit sich noch mit seiner freien Zeit anzufangen wusste, war er einfach ins Auto gestiegen und losgefahren. Zuerst wusste er gar nicht, wohin er fuhr. Bis er irgendwann feststellte, dass er geradewegs auf dem Weg in seine frühere Heimat war.

Die Sonne kitzelte ihn leise an der Nase. Er schloss seine müden Augen und ließ sich sachte in das frische Gras unter ihm fallen. Ganz tief sog er den Geruch der Blumen und Blüten um ihn herum in sich ein. Er lächelte.

Und das erste Mal in seinem Leben wurde ihm bewusst, wie sehr er seine Heimat vermisst hatte. Wie sehr er sich all die langen Jahre hierher zurückgesehnt hatte.

Doch was sollte er tun? Er konnte ja schlecht alles hinschmeißen und zurück in seine alte Heimat ziehen! Was sollte er seiner Familie erzählen? Und schlimmer noch: Was, wenn sie ihn brauchen würden? Er war schließlich für sie verantwortlich, musste für sie sorgen und für sie da sein!

Nachdenklich öffnete Heinrich seine Augen und blickte in den strahlend blauen Himmel. Über ihm zog ein Bussard seine Kreise, ließ sich von den warmen

Luftströmungen tragen, um dann mit ein paar kräftigen Flügelschlägen wieder höher zu steigen.

Fliegen müsste man können, dachte er sich. Dann könnte man leben, wo es einem gefällt und da sein, wo man gebraucht wird.

Warum hatte er sich damals nicht einfach dafür entschieden, hier mit seiner Familie zu leben? Idealisierte er seine Kindheit etwa? Ja, vielleicht tat er das. Doch er wusste auch, dass eine tiefe Sehnsucht in ihm wohnte, die er nicht länger ignorieren konnte!

Heinrich lag noch eine Weile im Gras und genoss die Wärme der Sonne, das Summen der Bienen und das gute Gefühl, Zuhause zu sein. Dann stand er auf, klopfte sich ein wenig Erde von den Kleidern und machte sich auf den Weg ins Dorf. Sicher gab es hier noch die kleine Pension gegenüber dem Marktplatz. Vielleicht hatten sie ja noch ein freies Zimmer, in dem er es sich für ein paar Tage gemütlich machen konnte. Und wenn es ihm nach diesen paar kurzen Tagen hier immer noch so gut gefiel, wollte er wieder herkommen, immer mal wieder. So lange, bis er wusste, wo er seinen Lebensabend verbringen wollte. Und wer weiß: Vielleicht würde seine Frau ja auch gerne hier leben wollen!? Und wenn nicht, würde er sich immer, wenn sein Herz es ihm sagte, auf den Weg zu seinem Berg machen.

Die Bedeutung der Geschichte:

Wir alle tragen Erinnerungen und Sehnsüchte in uns. Meist sind sie uns nicht bewusst, doch wirken sie tief in unserem Selbst. So lange, bis wir ihnen folgen, wie einer unsichtbaren Schnur.

Wenn Ihnen diese Geschichte gefallen hat:

Schreiben Sie doch einmal nur für sich selbst auf, was sie gerne tun würden, wenn Ihnen alle Türen offen ständen. Vielleicht führt Sie das ja zu einer verborgenen Kostbarkeit:

- Was will ich schon lange (oder wollte ich schon immer mal) tun?
- Was schiebe ich immer wieder vor mir her?
- Wovon träume ich?
- Was sind meine geheimen (und meine geheimsten) Wünsche?

Uns allen ist gemeinsam, dass wir über einen inneren weisen Kern verfügen, der uns die nötige Kraft spendet, um das Leben zu leben und alles anzunehmen, was sich uns zeigt oder uns begegnet.

12. Sam

Sam lief die verschneiten Straßen der vertrauten Stadt entlang. Es war schon dunkel, obwohl es selbst für den Winter noch recht früh dafür war. Wahrscheinlich lag es an eben diesem Umstand, dachte sich Sam, dass die Welt nun noch etwas trostloser erschien als sonst schon.

Eine Träne bildete sich und tropfte auf den roten Schal. Dieser Schal war ein Geschenk von Dada gewesen – Sams Großmutter. Dada war eine wunderbare Frau gewesen und Sam hatte sich immer so geborgen und sicher bei ihr gefühlt. Sam hatte so unendlich viel von Dada gelernt. Doch nun, nach ihrem Tod, schien all das genauso vergangen zu sein wie Dada selbst.

Sam schämte sich. Dada hatte immer sehr viel Wert auf das »innere Glück«, wie sie es genannt hatte, gelegt. Das innere Glück war so etwas wie das bewusste Wissen um den wahren Kern in einem selbst. Dada hatte so oft davon gesprochen und so viel darüber zu sagen gewusst. Und Sam hatte ihr immer ganz gespannt gelauscht und versucht, sich all die wichtigen Dinge einzuprägen.

Doch nun, seit Dada nicht mehr da war, ging einfach nur noch alles schief. Und die Einsamkeit in Sam wuchs, wie Schimmel auf altem Käse. Alle Erinnerungen an das innere Glück schienen wie weggeblasen. Weitere Tränen tropften auf den roten Schal und hinterließen kleine, dunkle Flecken.

Es war kalt und dunkel und traurig. Die ganze Welt erschien sinnlos und dumpf. Wo waren all das Glück, die Liebe und die Freude, von der Dada immer gesprochen hatte? Sam hatte es doch gespürt, hatte doch erlebt was es heißt, in der eigenen Mitte und glücklich zu sein.

Woran lag es also, dass die Welt nun so grau aussah? Dada hatte doch auch alleine gelebt. Sie musste sich nicht nur schon früh von ihrem Mann verabschieden, sondern hatte auch Krieg ertragen und Schmerz erlebt. Wie hatte sie das geschafft? Ob sie auch hin und wieder traurig gewesen ist und sich einsam gefühlt hat?

Sam seufzte und wischte sich die Tränen aus dem Gesicht.

Nein, Dada war nie traurig oder einsam gewesen. Dada hatte immer gelächelt. Aus dem Herzen heraus. Und sie hatte einen immer mit unglaublich viel Liebe und Sanftmut angeschaut. Sam wusste, dass sie kein leichtes Leben gehabt und auch oft von den dunklen Tagen erzählt hat. Doch egal, was ihr auch im Leben begegnet war, sie hatte es angenommen. Und für das meiste, das ihr widerfahren war, war sie sogar dankbar gewesen!

Sam wusste schon sehr früh, dass es sich mehr als lohnte, Dada nachzueifern. Und solange sie noch da gewesen war, konnte Sam auch mit allen Fragen zu ihr gehen und von ihr lernen.

Jetzt war das vorbei. Jetzt war Sam auf sich gestellt.

Ohne es bemerkt zu haben, stand Sam vor einem großen Schaufenster, das außer ein paar Lagen Papier, einer Schere und Klebestreifen völlig leer war. Wahrscheinlich sollte es umdekoriert werden.

Umdekoriert. Umdekorieren. Neu gestalten.

Neu gestalten.

Sam schaute auf das Spiegelbild vor sich. Und erschrak. Nein, es war nur eine Sinnestäuschung. Im ersten Augenblick hatte es so ausgesehen, als hätte Sam riesig große Flügel. Sam lächelte. Dada hätte darüber sicher nur geschmunzelt und genickt. Für Dada gab es keine Sinnestäuschungen. Für sie gab es nur das Hier und Jetzt und wenn sie sich in einem Schaufenster mit Flügeln gesehen hätte, dann wäre das für sie ein Hinweis auf ihr inneres Glück gewesen!

Das innere Glück. Neu gestalten. Im Hier und Jetzt.

Sam träumte vor sich hin, verließ die Welt und fand sich in einer kleinen Küche vor einem offenen Feuer wieder. Dada kochte Suppe. Es roch herrlich. Und es war warm. Und gemütlich. Sam trat neben Dada und schaute mit ihr zusammen in die Suppe: Kleine Blasen bildeten sich und zerplatzten augenblicklich wieder. »Du entscheidest!«, sagte Dada. »Du entscheidest über die Zutaten in der Suppe!«

Sam nickte.
»Ja was denn jetzt?« Sam wurde am Arm geschüttelt und es brauchte ein paar Momente, bis klar war, wer Sam so unwirsch aus den Träumen gerissen hatte: Ein Obdachloser hielt seinen Plastikbecher vor Sams Nase und schüttelte die paar Cent, die bereits in ihm lagen. »Gibse jezz was oda nich?«

Sam lächelte und holte einen 20€ Schein heraus. »Für deine Suppe!«, flüsterte Sam und ging geradewegs ins innere Glück.

Die Bedeutung der Geschichte:

Das Leben besteht nicht immerzu aus glücklichen und heiteren Momenten. Oft begegnen uns auch Trauer und Einsamkeit. Manchmal sogar Hoffnungslosigkeit oder Ohnmacht.

Uns allen ist gemeinsam, dass wir über einen inneren weisen Kern verfügen, der uns die nötige Kraft spendet, um das Leben zu leben und alles anzunehmen, was sich uns zeigt oder uns begegnet.

Wenn Ihnen diese Geschichte gefallen hat:

Um auf den Wellen des Lebens zu reiten, braucht es in erster Linie Balance:

- Bin ich in Kontakt mit all meinen Gefühlen?
- Welche Emotionen mag ich nicht und verdränge sie vielleicht?
- Was ist mein persönliches inneres Glück?
- Was möchte ich in meinem Leben neu gestalten oder umdekorieren?
- Gelingt es mir, mein Leben im Hier und Jetzt zu leben?

13. Die Befreiung des Selbst

Vor vielen hundert Jahren lebte einmal in einem finsteren Wald ein kleiner Drache. Er war noch sehr jung und unerfahren und hatte niemanden, der ihm zeigte, wie er sich in diesem riesigen Wald zurechtfinden konnte. Es schien, als sei er der letzte seiner Art. Und so war es nicht verwunderlich, dass sich der kleine Drache sehr einsam fühlte. Er lebte alleine auf einer kleinen Waldlichtung, denn er hatte große Angst vor der Dunkelheit. Seine spärlichen Mahlzeiten fand er zum größten Teil aus purem Glück: Ein paar Kleintiere, die unvorsichtig waren und zur Lichtung kamen, packte er flink und fraß sie hungrig auf. An weniger glücklichen Tagen musste er sich mit Farn und der harten Rinde von umherstehenden Bäumen begnügen.

Es traf sich, dass ein böser Zauberer von dem kleinen Drachen hörte und sich dachte, dass er sich diesen besser zu nutzen machen sollte, bevor ihm dieser vielleicht irgendwann einmal gefährlich werden könnte. Denn es gab zur damaligen Zeit eine uralte Regel: Jeder Drache musste böse Hexen und Zauberer bekämpfen, um Ruhm und Ehre zu erlangen! So geschah es, dass der listige Zauberer dem kleinen Drachen versprach, ihn zu seinen Artgenossen zu führen, wenn dieser für eine gewisse Zeit in seine Dienste treten würde. Der Kleine wusste es ja nicht besser und willigte hoffnungsvoll ein.

Nun ist es so, dass die Hexen und Zauberer einen Drachen nicht einfach töten können. Sie vermögen lediglich ihre Kraft zu schwächen. Und ein kraftloser, schwacher Drache kann ihnen kaum noch gefährlich werden. Der böse Zauberer freute sich, dass seine List so gut funktioniert hatte, und machte sich heimlich daran, den kleinen Drachen zu schwächen. Jeden Tag befahl er ihm, in den dunklen Wald zu gehen und Holz zu holen. Aber es durften nicht nur ein paar Reisigzweige sein – nein, der kleine Drache musste ganze Wagenladungen von gefällten Baumstämmen herbeischaffen. Abends, wenn er dann müde in dem feuchten Kellergewölbe des Zaubererschlosses auf seinem Lager aus Stroh und Moos lag, zauberte sein böser Herr einfach alles wieder weg. So konnte der

Drache seine Aufgabe niemals erfüllen und blieb für viele, viele Jahre in seinen Diensten.

Natürlich könnt ihr euch denken, wie sehr sich der kleine Drache fürchtete. Er hatte ja unglaublich große Angst in den finsteren Wald zu gehen. Doch vor dem bösen Zauberer fürchtete er sich noch zehnmal mehr. Und so tat er, wie ihm geheißen wurde. Tagein, tagaus lief er in den großen, düsteren Wald und verbrachte Stunde um Stunde damit, die Bäume zu fällen und zum Schloss des Zauberers zu ziehen.

Das ging so über viele Jahre und aus dem kleinen, ängstlichen Drachen wurde ein großer, ängstlicher Drache. Eigentlich hätte er dem Zauberer schon längst den Garaus machen können, doch er wusste nichts von seiner Kraft und seiner Stärke. Ja, nicht einmal, dass er Feuer spucken konnte wusste er. Und nach all den vielen Jahren der schweren Arbeit im Wald war er schrecklich müde geworden. Jeden neuen Tag verfluchte er insgeheim, aber er wusste auch, dass er es niemals wagen durfte, ohne das verlangte Holz zurückzukommen. Der böse Zauber hatte ihm nämlich immer wieder angedroht, dass es ihm dann furchtbar schlecht ergehen würde. Und da es niemanden gab, der unserem kleinen Freund die Wahrheit sagen konnte, glaubte er den Worten des Zauberers und wurde so zum Gefangenen seiner bösen Worte.

Nun hätte dieser arme Wicht bis ans Ende aller Zeiten dieses freudlose Leben geführt, wäre nicht eines Tages etwas ganz Außergewöhnliches passiert:

Der Drache war gerade wieder einmal auf dem Weg in den dunklen Wald, als er völlig unerwartet einem anderen Drachen begegnete. Ihr könnt euch sicher seine Verwunderung vorstellen, als er da in der Nähe eines kleinen Felsens plötzlich einen ausgewachsenen Drachen in der Sonne liegen sah! Zuerst dachte er, dass es nur wieder einer seiner Wunschträume wäre. Er stellte sich nämlich oft vor, endlich einmal einen seiner Artgenossen zu treffen. Er wollte sich gerade umdrehen und weiterlaufen, als der andere Drache seine Augen öffnete und ihn ansprach. Es brauchte gar nicht viel, damit sich die beiden anfreundeten und unser Drache seinem neuen Gefährten sein trauriges Herz ausschüttete. Der andere Drache war sehr schlau. Er wusste, dass sein neuer Freund nicht einfach vom Zauberer weggehen konnte, da er ja inzwischen selbst glaubte, was er immer wieder gesagt bekommen hatte.

Also begannen sie, sich jeden Tag an dem kleinen Felsen zu treffen. Und der andere Drache brachte unserem Freund all die Dinge bei, die ein Drache eben so können und wissen muss. Er erzählte ihm, wie schön die Welt jenseits des dunklen Waldes sei und wie stark und mächtig Drachen in Wahrheit waren. Viel, viel stärker und mächtiger als böse Zauberer und Hexen.

Und so kam es, dass der Drache anfing zu lernen. Er lernte eine ganze Menge über Zauberer, Hexen und Drachen. Er lernte Unglaubliches über den Wald und die Angst. Doch am meisten lernte er etwas über sich selbst. Und nach einiger Zeit wusste er nicht nur wie man Feuer spuckte oder Dampf aus den Nüstern blies. Er verstand auch allmählich, dass er sich selbst klein und hilflos gemacht hatte, indem er den hinterhältigen Worten des Zauberers Glauben geschenkt hatte.

Als ihm das klar wurde, nahm er all seinen Mut zusammen und ging an einen großen See. Dort blickte er in das tiefe Wasser und erkannte zum ersten Mal in seinem Leben, wie groß und furchteinflößend er in Wahrheit aussah. Da musste er so laut lachen, dass eine große Stichflamme aus seinem Halse schoss und den gesamten See zum Kochen brachte! Daraufhin rannte er in das grausige Schloss und brüllte den fiesen Zauberer einmal so richtig an, so dass sich dieser vor wahnsinniger Angst zu Boden fallen ließ. Der Drache erkannte, wem er all die Jahre vertraut hatte, und verließ das Schloss, den Zauberer und sein schreckliches Leben. Er suchte sich eine Höhle hoch oben in den Bergen und freute sich über seine neu gewonnene Freiheit. Er sang und tanzte, flog und schwamm. Doch nach einer Weile wurde es ihm langweilig und er setzte sich vor seine Höhle, um nachzudenken. Da bemerkte er, dass er ja immer noch an den Zauberer denken musste und auch immer noch dessen Stimme in seinem Kopf hörte. Unser Drache verstand die Welt nicht mehr. Müsste er nicht vor Glück platzen? Doch stattdessen fühlte er sich unzufrieden und auch irgendwie traurig. Konnte es tatsächlich sein, dass er die Arbeit im Wald vermisste? Oder war es das Gefühl, dass jemand für ihn »sorgte«? Dass er irgendwohin gehörte? Dazu gehörte? Nein, in Abhängigkeit würde er nie wieder leben wollen! Das war ihm schnell klar. Andererseits würde er nicht nur spielen und schlafen können. Denn wenn der Winter käme, bräuchte auch er ein wenig Brennmaterial, um sich zu wärmen.

Voll von wirren Gedanken und merkwürdigen Gefühlen schlief der Drache ein und träumte einen gar interessanten Traum:

Er sah sich selbst am Firmament fliegen, die Schwingen weit ausgebreitet. Da erspähte er in der Ferne ein weißes Boot auf dem Meer unter ihm. Er landete gleich neben ihm und erkannte einen Fischer, der dabei war, seine Netze auszuwerfen. Er fragte den Fischer, was er da täte und wozu dies gut sei. Und obwohl der Mann große Angst vor dem Drachen hatte, erklärte er ihm, dass er Fische fing, um für sich und seine Familie zu sorgen. Ein paar Tage würden sie reichen und dann würde er sich wieder an die Arbeit machen. Der Drache bedankte sich freundlich, half dem Fischer noch, das volle Netz wieder einzuziehen, und schwang sich wieder hinauf in die Lüfte. Da kam ihm eine Idee: Er würde auch für sich selber sorgen, so wie der Fischer! Jeden Tag würde er ein wenig Holz sammeln, um im Winter einen Vorrat zu haben. Dafür wollte er sich in einer trockenen Ecke seiner Höhle einen Verschlag bauen. Diesen wollte er dann gut füllen und stets darauf achten, dass genug Brennholz vorhanden wäre.

Als er am nächsten Morgen aufwachte, machte er sich sofort an die Arbeit und begann, den Verschlag zu bauen. Nun hatte er stets eine Aufgabe. War der Verschlag nicht ganz voll, machte er sich munter auf den Weg in den Wald. Angst hatte er schon lange keine mehr, denn er wusste inzwischen, dass alles in ihm war, was er brauchte, und wie stark er in Wahrheit war. Das Holzsammeln ging ihm nun viel leichter von der Hand, denn er hatte ja gelernt, wie er seine Kräfte einteilen musste. Und so konnte er den Rest des Tages viel genüsslicher mit all den anderen schönen Dingen verbringen, die ihm Freude bereiteten: schwimmen, singen, fischen, die Zwerge oder den bösen Zauberer besuchen.

Ja, da staunt ihr, was? Unser Drache ist wirklich sehr schlau geworden und seitdem er wusste, was er alles kann, musste er sich auch nicht mehr vom Zauberer ausnutzen lassen. Deshalb ging er eines schönen Tages zu ihm hin und sah ihn sich einmal ganz genau an. Da erkannte der Drache nämlich, dass der böse Zauberer gar nicht so böse war. Vielmehr war er ein sehr einsamer und unzufriedener Zeitgenosse. Das lag wohl daran, dass er keine Freunde hatte. Sie redeten sehr lange miteinander und der Zauberer erklärte dem Drachen, dass er ihn nur deshalb hatte beherrschen wollen, weil er doch solch große Angst vor seiner Kraft gehabt habe. Der Drache verstand das gut, denn die Angst hatte er ja auch kennengelernt. Und wenn man es mal genauer betrachtet, dann wäre unser Drache wohl niemals so über sich hinausgewachsen, wäre der Zauberer nicht gewesen.

Also versprachen sie sich, von jetzt an immer ehrlich miteinander zu sein. Und sollte einmal einer von ihnen anderer Meinung sein, wollten sie gemeinsam eine Lösung finden.

Jetzt war der Drache wirklich zufrieden! Er besuchte den Zauberer so oft er konnte und freute sich über die guten Gespräche mit ihm. Denn von Zauberern kann man ja schließlich auch eine Menge lernen! Wenn unser Drache dann abends heim in seine gemütliche Höhle kam und die prallen Holzvorräte sah, konnte er die freundliche Stimme des Zauberers hören, die sagte: »Das hast du gut gemacht!«

Die Bedeutung der Geschichte:

Viel zu oft geraten wir in Tretmühlen oder Abhängigkeiten, ohne dass uns dies so richtig bewusst ist. Oder wir tun Dinge einfach nur aus unserer inneren Angst heraus, nicht zu genügen, nicht wertvoll zu sein oder dergleichen.

Die meisten Menschen wissen nichts von ihrem inneren Reichtum und glauben nur zu gerne den kleinmachenden Stimmen der anderen, die irgendwann zu ihrer eigenen Stimme geworden ist. Um sich daraus zu befreien, sich selbst zu finden, braucht es meistens ein wenig Hilfe und Unterstützung von außen. Einen Blick in den Spiegel. Und selbstverständlich einen Wunsch nach Veränderung und Mut, diese Veränderungen auch umzusetzen und den inneren Weg zu gehen.

Wenn wir erkennen, dass uns (fast) nichts umsonst im Leben begegnet/widerfährt und wir in allem auch das Gute und Nützliche sehen lernen, können wir uns in Balance und Ganzheitlichkeit entwickeln. Dazu gehört auch, Verantwortung für sich selbst zu übernehmen und für sich zu sorgen.

Erst beide Seiten einer Medaille machen das Ganze aus. So heißt Veränderung nicht zuletzt auch das anzunehmen, was ist. Einfach abspalten, es weg machen, funktioniert nicht. Zu wahrer Veränderung braucht es auch Versöhnung.

Wenn Ihnen diese Geschichte gefallen hat:

Zu diesem Thema können Sie sich eine Menge Fragen stellen:

- Fühle ich mich irgendwo in meinem Leben gefangen?
- Kenne ich meine wahren Stärken und Fähigkeiten?
- Was ist gut an meiner jetzigen, vielleicht nicht so zufriedenstellenden Situation?
- Wo gebe ich Verantwortung für mich und mein Leben ab?
- Sorge ich ausreichend gut für mich?
- Wie spreche ich mit mir selbst? (Abwertend und schwächend, oder liebevoll aufbauend und stärkend?)
- Was kann ich jetzt, in diesem Moment tun, um den ersten Schritt in eine neue Richtung zu machen?

14. Begegnung mit dem inneren Kind

Lege dich bequem auf den Rücken, strecke die Beine aus und lass die Arme neben deinem Körper ruhen. Achte darauf, dass du auch wirklich bequem liegst! Vielleicht brauchst du ein Kissen oder eine Decke, damit du nicht frierst?

Wenn du die richtige Position gefunden hast, atme einfach ganz normal ein und wieder aus! Beobachte deinen Atem, wie er ganz sanft in dich hinein und wieder hinaus strömt.

Folge deinem Atem.

Mit jedem Atemzug spürst du, wie du ruhiger und ruhiger wirst. Deine Arme und Beine werden schwerer und schwerer und auch dein Kopf und dein Rumpf drücken sich immer tiefer in die Erde hinein, die dich sicher trägt und hält, so, dass du immer mehr loslassen und genießen kannst. Deine gesamte Muskulatur entspannt sich immer mehr, du fühlst dich wohl und warm. Du bist völlig zufrieden und mit jedem weiteren Atemzug sinkst du tiefer und tiefer in dich selbst hinein. Du weißt, dass du hier völlig sicher bist, geborgen und beschützt.

Du kennst diesen Ort in dir bereits. Auch, wenn du vielleicht noch nie bewusst hier gewesen bist, so kommt dir doch alles bekannt und vertraut vor. Jetzt ist es möglich, diesen inneren Raum ganz genau zu erkunden. Schau, was du alles sehen kannst, genieße die Farben und achte auch auf die angenehmen Gerüche! Was hörst du?

Dieser sichere, innere Raum ist immer da und du kannst ihn ganz genau so gestalten, wie du es gerne hast. Alle Formen sind möglich, alle Farben. Oder auch eine Mischung aus Natur und Erbautem. Alles ist erlaubt. Alles ist möglich. Es ist dein ganz persönlicher (Rückzugs-)Ort, an dem du dich fallenlassen, ausruhen oder auftanken kannst. Hier bist du immer willkommen, immer gerne gesehen. Hier begegnet dir die Liebe in ihrer reinsten Form, die Freude, Wohlbehagen.

Irgendwo in deinem sicheren, inneren Raum gibt es eine Türe. Schau nur genau hin, dann wirst du sie sehen! Es ist eine ganz besondere Türe. Deshalb sieht sie auch ganz besonders aus. Sie ist außergewöhnlich schön geformt, aus einem sehr edlen Material und hat ganz selten schöne Farben. Diese Türe ist die Verbindung zu deinem inneren Kind.

Mach sie langsam auf und gehe durch sie hindurch. Du weißt, dass du hier immer noch völlig sicher und geborgen bist. Sieh dich ruhig um. Hier lebt dein kleines Mädchen oder dein kleiner Junge. Schau dir an, wie sich dein inneres Kind eingerichtet hat. Es gibt sicher eine Menge lustiger und schöner Dinge zu entdecken!

Während du dich noch umsiehst, bemerkst du im Augenwinkel eine zaghafte Bewegung. Dein inneres Kind möchte gerne Kontakt zu dir aufnehmen, aber vielleicht weiß es nicht genau, wie es das tun soll. Oder vielleicht ist es sehr schüchtern, verletzt oder traurig. Deshalb ist es gut, wenn du ihm ein wenig hilfst. Vielleicht lächelst du ihm ermutigend zu oder du öffnest deine Arme für sie oder ihn. Du kannst dein inneres Kind auch direkt ansprechen und es einladen, näherzukommen.

Lasst euch ein wenig Zeit, euch bekannt zu machen und sucht euch einen schönen, wohligen Platz, wo ihr eine Weile zusammen sein könnt. Ganz in Ruhe. Vielleicht mögt ihr euch irgendwo hinsetzen, etwas spielen oder euch aneinander kuscheln? Es ist alles erlaubt! Tut einfach das, wozu ihr gerade Lust habt und was euch gut tut.

Nun schau dir dein inneres Kind einmal genau an: Kannst du erkennen, welche Augenfarbe es hat? Und die Farbe der Haare? Was denkst du, wie alt dein inneres Kind wohl ist?

Wenn du magst, kannst du dein inneres Kind auch etwas fragen. Vielleicht, was es braucht oder was es gerne mag. Manchmal möchte auch das kleine Kind etwas sagen. Es hat vielleicht eine Bitte an dich oder ist mit etwas nicht einverstanden. Unterhalte dich einfach ein wenig mit diesem liebenswerten Geschöpf und höre gut zu, was es dir zu sagen hat. Ganz wertfrei, ganz offen, ganz selbstverständlich. Versucht für alles eine zufriedenstellende Lösung zu finden, falls ihr nicht immer einer Meinung seid, und achte darauf, dass du immer respektvoll und achtsam mit deinem inneren Kind sprichst. Wenn es für euch passt, nehmt euch ruhig mal in den Arm oder lächelt euch an.

Du und dein inneres Kind wisst nun, dass ihr euch immer hier in diesem inneren Raum treffen und miteinander sprechen könnt. Wenn ihr mögt, vereinbart doch regelmäßige Treffen. Bevor du dich nun gleich wieder auf den Rückweg machst, frag es doch, was ihm zurzeit am wichtigsten ist und vielleicht verrät es dir auch seinen Namen oder es sagt dir, wie du es rufen kannst.

Umarme das Kind nun zum Abschied und bedanke dich bei ihm für seine Unterstützung und seinen Mut. Sieh ihm dabei zu, wie es in seine ganz eigene Welt eintaucht, und geh auch du zurück durch diese ganz besondere Türe, durch die du gekommen bist, in deine eigene Welt. Vor der Türe erinnere dich noch einmal an die Begegnung mit deinem inneren Kind. Und ganz besonders an das, was es dir mitgeteilt hat.

Konzentriere dich nun wieder auf deinen Atem. Folge ihm. Ganz sanft und leicht. Spüre die Ruhe, die dich umgibt, die Geborgenheit und die Zufriedenheit.

Langsam beginnst du, deinen Körper wieder wahrzunehmen; erst noch ganz wage, dann immer mehr und mehr. Das angenehm ruhige Gefühl bleibt dir erhalten. Auch die Erinnerung an die Begegnung mit deinem inneren Kind.

Du fühlst dich vollkommen zufrieden und erholt. Folge weiter deinem Atem und komme ganz langsam mit deinem Bewusstsein zurück in diesen Raum. Spüre den Boden unter dir und mit jedem Atemzug fühlst du dich frischer und erholter.

Atme nun drei-, viermal tief in den Bauch hinein und wieder aus und sei nun wieder ganz im Hier und Jetzt. Öffne deine Augen, wann immer es für dich passt.

Die Bedeutung der Geschichte:

Hier geht es darum, einen inneren Ort, einen inneren Raum zu gestalten, um ganz bewusst in Kontakt mit seinem inneren Kind kommen zu können. Je langsamer Sie dabei vorgehen und je wertfreier und offener Sie diesem Anteil gegenüberstehen, desto eher wird er sich zeigen und sich Ihnen mitteilen.

Wenn Ihnen diese Geschichte gefallen hat:

Kennen Sie Ihre wahren Gedanken und Gefühle? Wenn Sie Ihrer inneren Intuition folgen, erhalten Sie wertvolle Informationen und können gezielt etwas für sich selbst tun.

- Welchen Bezug habe ich zu mir selbst / meiner inneren Stimme?
- Achte ich auf diese innere Stimme in mir?
- Welche Ideen habe ich, um mein Wohlbefinden in meinem Alltag/Leben zu steigern?
- Wie viel und wie oft nehme ich mir Zeit für mich selbst?
- Folge ich meinen inneren Impulsen, oder rationalisiere ich diese?

Wir können uns entscheiden, unseren Tag im Positiven, in Kraft und Fülle zu verbringen oder uns von dem Sog aus Stress und Hektik mitreißen zu lassen. Mit der Zeit wird uns dieser immer mehr und mehr zur Gewohnheit und wir glauben, dass er normal ist. Tatsächlich haben wir aber jeden Tag die Wahl.

15. Die Türe

In einem fernen Land, vielleicht ist es auch das unsrige, lebt eine Frau.

Jeden Tag steht sie vor zwei Türen. Die eine Türe ist schön und groß und sieht sehr einladend aus, mit ihren Verzierungen und gedrechselten Motiven. Die andere Türe ist recht klein und eher schäbig. Sie sieht alt und verkommen aus, mit den vielen Rissen und Blessuren.

Jeden Tag muss die Frau sich für eine der beiden Türen entscheiden. Soll sie die alte oder die schöne Türe wählen? Und obwohl die Frau weiß, was sich hinter den Türen befindet, fällt es ihr jeden Tag schwerer, sich zu entscheiden.

Eigentlich weiß sie genau, was sie will: Sie will Leichtigkeit und Freude für ihren Tag. Sie will Ruhe und Gelassenheit, nette Begegnungen und entspannte Augenblicke. Doch das, was sie jeden Tag aufs Neue wählt, ist Zeitdruck und Ärger. Meist ist auch Frust dabei und hin und wieder sogar Überforderung.

Der Frau ist das alles bewusst. Doch jeden Tag, wenn sie vor den beiden Türen steht und wählen soll, entscheidet sie sich für die schöne, große und sehr einladende Türe mit ihren Verzierungen und gedrechselten Motiven.

Im Laufe der Jahre wurde die Frau immer älter … und müder … und unzufriedener.

Sie quälte sich jeden Tag mit ihrer Entscheidung und bedauerte diese dann jeden Abend aufs Neue. Und so passierte es, dass gar nichts passierte. Sie wurde nur immer älter und älter, bis sie so alt war, dass sie sich nicht mehr zwischen den beiden Türen entscheiden musste, da sie inzwischen das Ende ihres Berufslebens erreicht hatte. Sie konnte nun die Früchte ihrer jahrelangen Arbeit genießen, in den Urlaub fahren und all die Dinge tun, die ihr Spaß machten.

Und so vergaß sie die beiden Türen, bis sie durch Zufall einmal wieder an ihnen vorbeikam. Sie schaute die beiden Türen lange an. Dann sagte sie zu sich: »Ach, was soll's?« Und ging durch die kleine, alte Türe mit den vielen Rissen und Blessuren.

Dahinter fand sie ein wahres Paradies an Möglichkeiten. Es gefiel der Frau so gut, dass sie den ganzen

Tag dort verbrachte. Und auch den nächsten und übernächsten. Sie bedauerte sehr, diesen Reichtum ihr Leben lang ignoriert zu haben. Einfach nur aus der Befürchtung heraus, hinter solch einer schäbigen Tür könnte sich nichts Schönes verbergen.

Im Laufe der Zeit wurde es der Frau so zur Gewohnheit durch die kleine Türe zu gehen, dass sie zuerst gar nicht mitbekam, wie sich diese veränderte: Zuerst verschwanden die Risse und Blessuren. Dann wurde die Tür immer größer und schöner. Ihre Farben erneuerten sich und immer, wenn die Frau gut gelaunt durch sie hindurch ging, bildeten sich neue Verzierungen und Muster, so dass sie am Ende um Vieles schöner und glänzender war, als die andere Türe.

Die Bedeutung der Geschichte:

Auch wir stehen täglich vor diesen beiden Türen. Auch wir haben die Wahl, unseren Tag im Positiven, in Kraft und Fülle zu verbringen oder uns von dem Sog aus Stress und Hektik mitreißen zu lassen. Mit der Zeit wird uns dieser immer mehr und mehr zur Gewohnheit und wir glauben, dass er normal ist. Dazugehört. Und dass dies immer so sein wird.

Tatsächlich haben aber auch wir jeden Tag die Wahl. Am Anfang fühlt es sich vielleicht ungewohnt an, sogar komisch und anstrengend. Doch wenn man sich die Mühe macht und es ausprobiert, dranbleibt, dann wird man erkennen, wie wundervoll das eigene Leben sich verändern lässt. Und mit der Zeit wird sich dieser neue Weg ebenfalls normal und vertraut anfühlen.

Wir wissen meist sehr genau, was wir wie anders machen können. Es fehlt oft nur die Entscheidung, es auch wirklich zu tun.

Wenn Ihnen diese Geschichte gefallen hat:

Fragen Sie sich doch einmal, wo Sie sich in Ihrem Leben immer wieder aufs Neue für Stress und Hektik entscheiden:

- In welchen Bereichen meines Lebens kann ich kleine Inseln aus Leichtigkeit, Fröhlichkeit, Kraft etc. einbauen?
- Wann bin ich bereit, diese ersten kleinen Veränderungen umzusetzen?
- Wo in meinem Leben könnte ich positiver oder lebendiger sein mit mir und/oder mit anderen?
- Warum gehe ich immer wieder dieselben Wege?
- Welche positiven Gewinne habe ich davon, wenn ich mir immer wieder das Negative aneigne oder zulasse?

16. Die Höhle

Am Ende eines langen, beschwerlichen Weges steht ein Berg. Er ist unwahrscheinlich hoch und wunderschön. Das Besondere an ihm ist seine Form. Denn er sieht aus wie eine Kanne. Und blau ist er, mit schneeweißen Spitzen. Nur an seinem Fuße finden sich ein paar Bäume und Sträucher, so dass es aus der Ferne aussieht, als stünde eine Kanne heißen Kaffees mit Sahnehaube auf einem grün gedeckten Tisch.

Es verirren sich nur äußerst selten Menschen an diesen Ort, so dass hier ein seltener Frieden herrscht, der, lässt man ihn in sein Herz hinein, eine heilende Wirkung entfaltet. Natürlich nur, wenn man es zulässt. Und es ist auch egal, ob man daran glaubt oder eben nicht. Diese besondere Wirkung auf Körper und Seele ist so eindringlich, dass jeder sie sofort vernimmt, sobald er in die Nähe dieses wundersamen Ortes kommt.

Tief im Innern ist dieser Berg hohl – nicht gänzlich, aber immerhin mit vielen Gängen, Windungen und kleineren Höhlen. Würde ein menschliches Wesen den Eingang dieser Höhle finden, was fast unmöglich ist – nur fast unmöglich, denn nichts auf unserer Erde ist wahrhaft unmöglich! Wenn nun also solch ein Menschenwesen diesen Eingang entdecken könnte, dann würde er in eine so phantastische und zauberhafte Welt eintauchen, wie er es niemals zuvor erlebt hätte! Überall glänzen und funkeln die verschiedensten Edelsteine: feuerrote Granate, glänzende Opale, Diamanten und verführerischer Mondstein, Zitrine, Bergkristalle, Achate … – an jeder Biegung erstrahlen neue Steine und hüllen den kompletten Gang in einen regenbogenartigen Schimmer. Man kann kaum festmachen, woher genau dieses sanfte Licht kommt, das die Edelsteine zum Funkeln bringt, und gerade deshalb erscheint einem jeder einzelne Schritt wie ein verborgener Zauber!

Und so führen einen diese kleinen Schätze immer tiefer und tiefer in den Berg hinein. Man kann gar nicht anders, als immer weiterlaufen, diesen erhebenden Anblick kräftig in sich hineinsaugend. Die eigenen Augen beginnen nach ein paar Schritten von ganz alleine mit zu strahlen, das Herz öffnet sich und wird weit und froh. Und so geht man Meter um Meter, Gang um Gang, Stunde um Stunde. Raum und Zeit völlig vergessend. Immer tiefer und tiefer in den Berg hinein. Wer meint, die Füße müssten einen schier umbringen, der irrt! Denn der Boden des Weges ist bewachsen mit frischem, grünem Moos und so weich wie das Fell einer neugeborenen Katze. Eher wünscht man sich, die Schuhe auszuziehen und die bloßen Füße auf das weiche Moos zu stellen. Und sicher würden es auch eine Menge Menschen tun, wenn sie den langen Weg in den Berg finden könnten. Es ist, als würde man im Gegenteil immer frischer und wacher, je länger man im Berg unterwegs ist.

Und auch wenn sich nur sehr selten Menschen an diesen einzigartigen Ort verirren, so ist er dennoch nicht gänzlich unbewohnt: Tief im Innern des Berges lebt ein freundliches Wesen, ein kleiner Wichtel. Er hat Zauberkräfte und lebt dort schon so lange, dass man glauben könnte, er selbst habe diesen Berg erschaffen. Jedes Lebewesen, das ihm begegnet, behandelt er mit Respekt und Achtung. Er hilft, wo er nur kann, und die, die ihn bereits gesehen haben, erzählen ihren Kindern und Kindeskindern von diesem ungewöhnlichen Wesen. Oh ja, er ist ein wahrhaft guter Freund! Vielleicht sogar der beste, den man sich vorstellen kann! Sein Name ist Wohkil und das bedeutet so viel wie: Der, der alles heilt. Wohkil freut sich über jeden, der ihm begegnet – egal ob Mensch, Tier, Stein oder Pflanze. Ja, in allem ist Leben. Und Wohkil weiß das. Deshalb freut er ich auch so sehr darüber in einem Berg voller Edelsteine leben zu dürfen. Oft geht er nach draußen und freut sich über Sonne und Wind. Er sammelt Pilze und Nüsse, die er meist im Winter mit den Tieren des Waldes teilt.

Und es war auch im Winter, als sich ein kleines Mädchen im Berg verirrte. Sie hatte mit ihrer Familie einen Ausflug gemacht und irgendwie waren sie vom Weg abgekommen und in der Nähe des Berges gelandet. Es wurde bereits dunkel und so hofften alle darauf, einen Unterschlupf zu finden. Die kleine Familie war überglücklich, als sie den Eingang einer Höhle entdeckte. Sie machten ein Feuer, aßen, tranken und legten sich zum Schlafen nieder. Am anderen Morgen als sie erwachten, war der Eingang nicht mehr zu sehen, denn es hatte in der Nacht so sehr geschneit, dass der gesamte Berg wie ein riesiger Haufen Zucker aussah. Die Familie fand sich damit ab – schließlich konnten sie eh nichts ändern – und vertrieb sich die Zeit mit Spielen und dem Erzählen von Geschichten. Mura, die kleine Tochter lief gerne in der Höhle herum und schaute sich alles genau an. Und obwohl ihre Eltern sie ermahnt hatten, nicht zu tief in den Berg hineinzugehen, passierte es am dritten Tag nachdem sie eingeschneit waren:

Mura fühlte sich wie magisch angezogen und lief einfach immer weiter und weiter und bemerkte erst gar nicht, wie tief sie schon in den Berg hineingegangen war. Es dauerte eine ganze Weile, bis ihr endlich klar wurde, dass sie sich verlaufen hatte. Sie schrie aus Leibeskräften nach ihren Eltern, doch schon bald merkte sie, dass das überhaupt keinen Sinn zu machen schien, denn der Berg war so groß, dass ihr Rufen darin verhallte. Da setzte sie sich in eine kleine Nische und weinte. Nur gut, dass es nicht so gänzlich dunkel im Berg war, da von irgendwoher Lichtstrahlen zu sehen waren. Aber sonst wäre Mura ja auch gar nicht erst so tief in ihn hineingeraten.

Mura hoffte, dass ihre Familie sie suchen würde und dachte sich, dass es das Beste sei, wenn sie einfach an

Ort und Stelle sitzen blieb und auf ihre Lieben wartete. Über das lange Warten schlief sie schließlich ein. Die Eltern hatten natürlich unlängst bemerkt, dass ihre Tochter sich verlaufen haben musste. Denn so lange war sie noch nie weg gewesen, und so machten sie sich auf die Suche nach ihr. Doch was soll ich euch sagen? Auch Vater und Mutter mussten bald einsehen, dass sie sich im Berg verlaufen hatten. Sie machten sich wirklich sehr große Sorgen um Mura und auch ein wenig um sich selbst. Wie sollten sie nur ihre Tochter und den Ausgang finden?

Völlig verzweifelt standen sie in den Gängen und wussten nicht, wohin sie nun gehen sollten. Zuerst dachten sie darüber nach, sich zu trennen. Doch die Angst, dass auch sie dann im Berg verschollen sein würden, hielt sie davon ab, ihre Idee in die Tat umzusetzen.

Das hätte nun ein böses Ende nehmen können, wäre nicht Wohkil gewesen, der schon bald die ungewöhnlichen Menschenenergien wahrnahm. Er lief flink alle Gänge und Wege ab und es dauerte nicht lange, bis er Mura an einer kleinen Gabelung liegen sah. Er hoffte, dass sie nicht verletzt war. Doch im nächsten Augenblick erkannte er, dass sie friedlich schlief! Er griff in seine Schürzentasche (ja, Wichtel tragen Schürzen!) und zauberte eine heiße Tasse voll feinster Schokolade hervor. Sobald sich der süße Geruch seinen Weg in Muras Nase gebahnt hatte, öffnete sie lächelnd ihre Augen. Im ersten Augenblick dachte sie, sie träume, als sie das kleine, freundlich lächelnde Wesen vor sich sah. Doch dann stellten sie sich einander vor und Mura nahm dankbar den köstlichen Kakao entgegen. Nach dem ersten Schluck fühlte sie sich schon gleich viel besser und erzählte dem kleinen Wichtel, dass sie sich ganz furchtbar verlaufen hatte.

Wohkil nahm Mura an die Hand führte sie ein paar Gänge nach links und rechts, bis sie an eine kleine Wölbung kamen. Dort hieß er sie zu warten. Nicht lange und da tauchten ihre lieben Eltern auf, die vor lauter Sorge völlig ermattet und bleich waren. Wie war da die Freude groß, als sie sich alle wieder in die Arme nehmen konnten! Die Mutter weinte vor lauter Erleichterung und der Vater konnte gar nicht aufhören, seine kleine Tochter immer wieder feste an sich zu drücken. Nachdem sie sich wieder beruhigt hatten, bemerkten sie voll Verwunderung, dass Mura eine Tasse in der Hand hielt, die auch noch heiß dampfte. Sie konnten ihren Ohren kaum trauen, was ihre Tochter ihnen dann erzählte! Doch da stand Wohkil auch schon vor ihnen und strahlte sie an. Die Eltern rieben sich die Augen, mussten aber schnell erkennen, dass es den kleinen Wichtel tatsächlich gab. Vor allem deshalb, weil er auch ihnen dampfend heiße Schokolade servierte.

Nachdem sie alle wieder bei Kräften waren, erzählte Wohkil von seinem wundersamen Leben im Kannen-Berg. Und dann lud er die Familie ein, seine Gäste zu sein.

Sie fühlten sich alle tief geehrt, und voll Dankbarkeit nahmen sie sein Angebot gerne an!

Jetzt wollt ihr wohl wissen, was Wohkil ihnen alles gezeigt hat? Ja, das ist eine andere Geschichte und soll ein anderes Mal erzählt werden …

Die Bedeutung der Geschichte:

Um etwas Neues zu erleben, muss man meistens ein wenig Mühe und vielleicht sogar auch Mut aufbringen. Vielen ist das zu beschwerlich und sie berauben sich damit selbst um so viel Wertvolles und Heilsames.

Oft haben wir Angst, uns zu verirren, wenn wir es wagen, in uns selbst einzutauchen und uns zu erkunden. Doch es gibt immer innere Helfer, die uns leiten. Das kann das innere Kind sein, genauso wie die innere Familie oder innewohnende Heilkräfte. Und auch im Außen gibt es immer wieder Menschen und/oder Begebenheiten, die uns unterstützen und wohlgesonnen sind. Wenn wir es schaffen, uns darauf auszurichten und einzulassen, bereichern wir unser Leben um ein Vielfaches.

Wenn Ihnen diese Geschichte gefallen hat:

Wenn Sie Ihre inneren Anteile noch nicht kennengelernt haben, dann ist jetzt vielleicht ein guter Zeitpunkt, um damit anzufangen:

- Bin ich mit mir selbst, mit meinen inneren Anteilen vertraut?
- Wohin würde ich mich führen lassen, wenn meine Neugierde der Wegweiser sein dürfte?
- Wo, in welchen Lebensbereichen, wünsche ich mir Hilfe/Unterstützung?
- Was genau hält mich davon ab, etwas Neues auszuprobieren?
- Was würde ich alles tun/verändern, wenn ich keine Angst hätte?

Manchmal braucht es gar nicht so viel, um uns wieder glücklich zu machen. Oft ist es nur ein kleines Puzzleteil, das uns fehlt, und die Welt ist wieder in Ordnung.

17. Die kleine Kerze Rosarot

Komm her und leg dich einfach in meine Arme. Kuschel dich an mich heran. Ich halte dich, solange du es magst, und kraule dich sanft hinter den Ohren, streichle dir liebevoll über den Rücken und erzähle dir die Geschichte von der kleinen Kerze, die zwischen den ganzen Dingen im Einkaufswagen einfach vergessen wurde.

Niemand beachtete sie mehr und niemandem fiel es auf, dass sie auch noch nach Ladenschluss dort im Einkaufswagen lag. Dabei war sie wunderschön. Schlank und nur mittelgroß und ihre Farben drehten sich wie eine Spirale um sie selbst hinauf. Sie war leuchtend rot und rosa – eben rosarot.

Rosarot. So hatten ihre Eltern sie immer gerufen, als sie noch mit ihnen im Regal in der großen Fabrik gestanden hatte. Es hatte dort wirklich immer eine Menge zu sehen gegeben und ihre Eltern lehrten sie alles, was sie selbst im Laufe ihres Lebens erfahren oder von anderen Kerzen gehört hatten. Es war eine schöne Zeit gewesen und Rosarot fühlte sich wohl auf ihrem Platz im Regal.

Doch dann, eines Tages, wurden sie alle eingepackt und jeder von ihnen kam in eine andere Schachtel. Damals wusste Rosarot noch nicht, was das zu bedeuten hatte, aber die anderen Kerzen, mit denen sie in dieser dunklen Schachtel lag, erzählten ihr, dass sie alle in verschiedene Supermärkte verschickt wurden, um dort an die Menschen verkauft zu werden.

»Und was passiert dann mit uns?«, fragte Rosarot. Aber die anderen Kerzen schwiegen betroffen und so erfuhr sie es erst von der dicken alten Lady in Weiß, dass die Menschen sie in ihren Wohnungen verbrennen würden. Rosarot erschrak. Aber die dicke weiße Lady erklärte ihr ganz liebevoll, dass sie alle sehr wichtig für die Menschen seien, weil sie ihnen Licht und Wärme spendeten.

Doch nun lag Rosarot vergessen in diesem Einkaufswagen und konnte niemandem ihre wunderbaren Farben zeigen, und niemanden würde sie mit ihrem hellen Licht und ihrer Wärme erfreuen können. Und so schlief sie traurig und einsam ein.

Als es schon sehr dunkel und sehr spät war, erwachte die kleine Kerze plötzlich durch ein merkwürdiges Geräusch. Es war zuerst noch sehr leise, kaum mehr als ein Wimmern. Doch dann kam es immer näher und wurde immer lauter. Rosarot bekam große Angst, und als sie gerade versuchte, sich noch schlanker zu machen, um durch die Ritzen nach unten zu fallen, sah sie ihn: Einen kleinen blonden Jungen, der weinend im Kaufhaus herumlief. Anscheinend hatte man auch ihn hier vergessen.

Rosarot gab sich alle Mühe, um den Jungen auf sich aufmerksam zu machen, doch scheinbar vergebens. Als sie es schon fast aufgeben wollte, sah er sie endlich. Er lief zu dem Einkaufswagen, packte Rosarot am Zipfel und ein wunderschönes Strahlen überzog sein feines Gesichtlein.

»Dich schickt mir der Himmel!«, rief er überglücklich. »Nun brauche ich keine Angst mehr zu haben. Und morgen früh, wenn die Angestellten kommen, werden sie mich ganz bestimmt zurück zu meiner Mami bringen.«

Er zündete die kleine Kerze an, denn das konnte er schon, und setzte sich mit ihr direkt vor den großen Eingang. Rosarot strengte sich so an, dass sie heller brannte, als jemals eine Kerze zuvor. Sie erhellte nicht nur die große Eingangstüre, sondern die beiden Schaufenster rechts und links daneben gleich noch mit dazu.

Der kleine Junge saß einfach still vor ihr und blickte in ihre Farben und die goldene Flamme. Er fühlte sich sehr behaglich und wohl. Das helle Licht malte ihm die verrücktesten Fabelwesen an die Wände, so dass es nicht lange dauerte, bis er in schallendes Gelächter ausbrach. Er hatte so viel Freude an Rosarot und fühlte sich so sicher und behütet in ihrer Nähe, dass er gar nicht bemerkte, dass ein Nachtwächter ihn und das Licht gesehen und Hilfe gerufen hatte.

Nach ein paar kurzen Fragen war alles geklärt und der kleine Junge wurde zurück zu seinen Eltern gebracht, die schon ganz krank vor lauter Sorge um ihn waren. Doch als sie ihn in die Arme schließen und feste an sich drücken wollten, rief er: »Halt! Wartet! Ihr zerbrecht mir mein Licht. Es hat mir geholfen, als ich alleine war und es war bei mir, als ich mich fürchtete.« Liebevoll holte er Rosarot aus seiner Tasche und zeigte sie seinen Eltern.

Rosarot bekam einen Ehrenplatz in der Schublade des kleinen Jungen und erst viele, viele Jahre später, als sein bester Freund, sein Hund Karuso verstarb, zündete er den Rest der kleinen Kerze an, damit sie ihm auch dieses Mal wärmen und Trost spenden konnte.

Die Bedeutung der Geschichte:

In dieser Geschichte finden wir zwei Perspektiven:

Aus der Perspektive des kleinen Jungen bedeutet sie in erster Linie: »Wenn du denkst, es geht nicht mehr, kommt von irgendwo ein Lichtlein her.«

Manchmal braucht es gar nicht so viel, um uns wieder glücklich zu machen. Oft ist es nur ein kleines Puzzleteil, das uns fehlt, und die Welt ist wieder in Ordnung. Wir sind nicht alleine. Niemals! Und wenn wir nur genau genug hinschauen, dann sehen wir es auch. Sehen, was uns hilft und was uns gut tut. Es heißt, die Welt positiv oder negativ zu sehen, das Glas als halb voll oder als halb leer wahrzunehmen.

Manche Dinge, die im Leben passieren, haben ihren Grund. Hätte der Junge die Erfahrung im Supermarkt nicht gemacht, hätte er sich später nicht daran erinnern können und auch nicht gewusst, wie er seiner Trauer begegnen kann.

Aus der Perspektive der Kerze bedeutet die Geschichte, dass jeder Mensch seine Bestimmung zu erfüllen hat und dass wir auch Großes leisten können, wenn wir vom Leben enttäuscht oder alleingelassen wurden. Wenn wir unsere Familie verloren haben oder nicht wissen, wie es weiter geht. Einer weiß es und das Schicksal leitet uns.

Wenn Ihnen diese Geschichte gefallen hat:

Haben Sie sich schon einmal überlegt, was für Sie das passende Puzzleteil ist, wenn die Dinge einmal nicht so rund laufen:

- Was tut mir gut, wenn ich mich unwohl fühle?
- Was hilft mir in den verschiedenen Situationen, die das Leben herausfordernd an mich heranträgt?
- Wie kann ich es mir angenehm(er) machen? Leicht(er)?
- Und was denke ich, ist meine Bestimmung in meinem Leben?
- Spüre ich es, wenn mich das Schicksal führt? (Wie fühlt sich das an und wo spüre ich es am stärksten?)

Seiner inneren Stimme zu folgen ist immer das Richtige. Es befreit und gibt Kraft gleichermaßen.

18. Der Wunderbaum

Spüre die Wärme und Ruhe deines Körpers, gehe mit deiner Aufmerksamkeit zu deinem Atem und lasse dich von ihm tiefer und tiefer in dich selbst hineinführen. Tief hinein in die Stille, in die Ruhe.

Dort, wo es ganz still und ruhig ist, gibt es eine Türe. Sie führt zu dem kleinen Kind in dir. Es wartet schon auf dich und hat eine gemütliche Ecke für euch gebaut.

Ganz viele Kissen und Decken liegen dort. Setz dich hin und warte, bis sich das kleine Mädchen / der kleine Junge zeigt. Sprich das Kind ruhig an, schenke ihm ein freundliches Lächeln und sage diesem kleinen Wesen, dass du ihm gerne eine Geschichte erzählen möchtest.

Vielleicht versuchst du es so:

Komm her und setz dich zu mir! Kuschle dich in meine Arme und höre zu, was ich dir zu erzählen habe:

Irgendwo in einem kleinen Dorf, ganz am Rande einer großen Wiese, stand einmal ein riesengroßer Baum. So hoch man auch blickte – niemand konnte sehen, wie groß er tatsächlich war. Schon viele junge Männer hatten versucht, ihn zu besteigen, um zu sehen, wie hoch er denn nun genau war, aber bisher war es noch keinem gelungen! Man hatte sogar schon versucht, ihn umzuhauen, aber die Klingen der Beile rutschten immer wieder an der harten und starken Rinde ab, so dass bisher noch jeder entmutigt aufgegeben hatte. Daher wurde dieser ungewöhnliche, riesige Baum der Wunderbaum genannt.

Es war gerade Frühling geworden, als ein kleiner Zirkus etwas abseits vom alltäglichen Trubel auf einer großen Wiese am Rande eines tiefen Waldes seine Zelte aufschlug. Die Wiese befand sich ganz in der Nähe einer kleinen Stadt, in der es viele brave Leute gab. Sie freuten sich sehr über den bunten Zirkus, denn er war eine willkommene Abwechslung. Es gab niedliche Ponys, lustige Clowns, wagemutige Akrobaten und eine Menge weitere spannende Attraktionen.

In diesem Zirkus lebte auch ein Mädchen mit seinem großen Bruder und dem Großvater der beiden. Der Großvater versorgte die Pferde des Zirkus, was er ausgesprochen gut machte, denn er verstand die Sprache der Tiere. Der Bruder des Mädchens war ein mutiger

Dompteur – jeden noch so wilden Tiger brachte er zur Raison und sorgte stets für tosenden Applaus.

Jeder im Zirkus war mit seiner Nummer beschäftigt, übte und gab sein Bestes. Alle im Zirkus hatten eine besondere Aufgabe. Jeder tat seinen Teil dazu, dass der Zirkus erfolgreich und beliebt war. Alle, bis auf das Mädchen. Es war in diesem Zirkus geboren worden, doch hatte es immer noch keine passende Aufgabe für sich gefunden. Ihrem Großvater und ihrem Bruder war das egal. Sie liebten die Kleine von ganzem Herzen und waren sich einig, dass sie noch genügend Zeit hatte, ihre Talente zu entdecken.

Doch der Zirkusdirektor und die anderen Leute sprachen es immer wieder darauf an. Sie setzten es sogar manchmal regelrecht unter Druck und versuchten es zu einer Entscheidung zu zwingen. Dann wurde das Mädchen immer sehr traurig, versteckte sich zwischen den Kostümen und wartete, bis alle wieder so beschäftigt waren, dass sie es vergaßen.

Doch der Zirkusdirektor war ein sehr ehrgeiziger Mann, denn er hatte große Angst zu versagen. Eines Tages sah sie den Zirkusdirektor mit dem Bürgermeister der kleinen Stadt sprechen. Erst dachte sie sich nichts dabei, doch dann schnappte sie ihren Namen auf, und als ihr Großvater um die Ecke bog und zu den beiden Männern trat, da versteckte sie sich so hinter den bunten Wagen, dass sie alles verstehen konnte, was die Männer besprachen.

Der Zirkusdirektor sagte gerade zu ihrem Großvater, dass er gute Neuigkeiten habe: Die Kleine könne einen Platz bei einer sehr netten Familie bekommen, die schon ein paar elternlose Kinder aufgenommen habe. Dann könne sie hier zur Schule gehen und müsse niemandem mehr zur Last fallen. Der ganze Zirkus würde ja noch verrückt dabei, das Mädchen zu motivieren, endlich ein Kunststück einzuüben. »Aha!«, sagte der Großvater gerade, aber das war alles, was die Kleine noch hörte, denn sie rannte so schnell sie konnte über die Wiese davon. Blind vor Tränen und erschöpft vom Laufen und dem großen Schmerz in ihrem Herzen ließ sie sich unter einem Baum nieder. Sie weinte und schluchzte ganz heftig und wusste weder ein noch aus.

Da wurde sie auf einmal von einer netten, freundlichen Stimme angesprochen: »Was ist los mit dir?« Das Mädchen schaute sich um, erblickte jedoch keine Menschenseele. »Komm her zu mir!«, sprach die Stimme wieder. Das Mädchen stand auf und lief einmal um den Baum herum, denn es vermutete, dass sich jemand einen Scherz mit ihm erlaubte und sich vor ihm versteckt hielt. Doch fand es niemanden. »Hier oben bin ich! Du musst zu mir heraufkommen!« Und bevor es sich versah, öffnete sich im Stamm eine kleine Türe. Gerade groß genug, dass sie hindurchschlüpfen konnte. Im Stamm des Baumes brannten kleine Lichter, die ihr den Weg wiesen. Als sie ein Stück weiter in den Stamm hineingegangen war, kam sie an eine Art Saal. In ihm gab es allerhand Gewühl. Überall sangen und sprangen kleine, lustige Zwerge umher, buken, kochten, schafften und taten, was das Zeug hielt. Aus einem mehrstöckigen Ofen quollen die köstlichsten Gerüche hervor, und überall herrschte gute Laune und Fröhlichkeit. Die Zwerge lachten ihr zu und hießen sie mit netten Gesten und freundlichen Blicken willkommen.

In einer Ecke sah das Mädchen eine Wendeltreppe, die weiter hinauf zu führen schien. Sie steuerte darauf zu und bevor sie sich versah, war das Stimmengewirr, das Lachen und Singen der Zwerge nicht mehr zu hören, denn die Wendeltreppe war komplett von Holz umgeben. So, als ginge man geradewegs durch einen Tunnel aus Holz nach oben. Schon bald kam sie auf eine Etage, die gänzlich aus weichen Kissen zu bestehen schien. Überall war es hell, lagen Kissen und Polster herum und es schwirrte etwas durch die Luft, das Leichtigkeit und Frische hereinbrachte. Sofort hatte das Mädchen das Verlangen, sich irgendwo hinzulegen, in den Kissen zu toben, um sich dann einfach wieder fallenzulassen. Es spürte, dass es doch ganz schön erschöpft war, aber es ging weiter die Wendeltreppe hinauf, bis es nach unzähligen Stufen endlich auf eine Art Plattform gelangte. Hier wehte ein leichter Wind, sah man die Äste und Zweige des Baumes – so als stünde man inmitten eines Waldes. Einzelne Sonnenstrahlen schienen auf die Plattform und malten mit den Schatten der Blätter und Zweige lustige Figuren darauf. In der Mitte der Plattform stand ein wunderschöner Thron. Er war ganz mit blauem Samt überzogen und mit glänzenden Perlen verziert. Auf ihm saß eine junge Frau in einem weißen Gewand und mit langen, grünlich schimmernden Haaren, die ihr bis zu den Füßen reichten. Sie war unglaublich schön und lächelte das Mädchen freundlich an.

»Komm zu mir!«, rief die wunderschöne Frau und das Mädchen ging voll Neugierde auf sie zu. »Hast du mich gerufen?«, fragte es die Frau. »Ja!«, antwortete diese. »Ich habe dich weinen sehen und möchte wissen, weshalb du so traurig bist. Vielleicht kann ich dir ja helfen? Magst du mir erzählen, was dich bedrückt?«

Das Mädchen setzte sich seufzend vor die schöne Frau und schaute diese lange an: »Bist du ein Geist oder vielleicht eine Fee?«, fragte es schließlich.

»Ja!«, sagte die schöne Frau. »Ich bin der Geist des Baumes. Mein Name ist Bahsula.«

»Mein Name ist Lilli«, antwortete das kleine Mädchen, und dann erzählte es dem Baumgeist Bahsula, was es im Zirkus gehört hatte und warum sie so traurig war.

Bahsula ließ Lilli in Ruhe erzählen. Als Lilli geendet hatte, schaute Bahsula sie liebevoll an und fragte: »Was hast du gefühlt, als du in den Saal der Zwerge gekommen bist? Und was hast du gedacht, als du all die weichen Kissen gesehen hast?«

Lilli schaute verwundert auf: »Ich hätte gerne mit gebacken und gemeinsam mit den Zwergen gesungen und getanzt. Ich dachte daran, wie müde ich bin, und dass ich mich gerne in die weichen Kissen fallenlassen würde!«

»Aber du hast nichts von dem getan!«, sagte Bahsula.

»Nein«, antwortete Lilli. »Das habe ich nicht. Ich hab mich nicht getraut!«

»Du bist nicht du selbst, weil du Angst hast etwas falsch zu machen! Weil du immer darauf achtest, was andere von dir erwarten. Das blockiert dich! Hab ich Recht?«, fragte Bahsula.

Lilli nickte.

»Seiner inneren Stimme zu folgen ist immer das Richtige. Es befreit und gibt Kraft gleichermaßen. Egal ob es darum geht, etwas anzupacken, ausgelassen und fröhlich zu sein, oder darum, sich zurückzuziehen und zu genießen.« Bahsula strich Lilli sanft eine Haarsträhne aus dem Gesicht. »Ihr Menschen seid schon merkwürdige Wesen: Ihr rennt euer ganzes Leben lang durch die Welt auf der Suche nach euch selbst und dem Sinn eures Daseins. Ihr wollt Schönheit in eurem Leben und Liebe. Doch wenn sie vor euch steht, nehmt ihr sie nicht. Oder ihr versucht sie zu zerstören. Schon so viele starke Männer haben versucht, meinen Baum zu fällen, weil sie nicht in der Lage waren, sich für seinen Zauber zu öffnen. Man muss sein Herz öffnen, um das Verborgene sehen zu können. Wenn ihr glücklich sein wollt, müsst ihr eure Arbeiten mit Freude verrichten – so wie die

Zwerge in diesem Baum. Ihr müsst euch erlauben, die Aufgaben zu übernehmen, für die ihr geschaffen seid! Auch du, Lilli! Baue dir in deinem Inneren eine eigene Polster-Landschaft, in der du dich sicher fühlen kannst. Und dann antworte dir selbst. Hab den Mut zu hören, was dein Herz dir sagen will! Also was, Lilli, antwortet dir dein Herz, wenn du es fragst, was deine Aufgaben im Zirkus sind?«

Bahsula lächelte. Lilli schloss langsam ihre Augen und stellte sich noch einmal den Raum mit den Zwergen vor und dann den mit den wundervoll weichen Polstern. Sie stellte sich vor, sie würde mit den Zwergen singen und tanzen, die Stube fegen und die Tische polieren. Sie sah, wie sie ausgelassen lachend in den Kissen tobte, um sich schließlich erschöpft in diese hineinfallen zu lassen. Und es war ihr, als würde sie es sich nicht bloß vorstellen, sondern als wäre sie tatsächlich mitten unter den Zwergen, inmitten dieses wundersamen Baumes. Und als sie so träumend in den weichen Polstern lag, war es ihr plötzlich vollkommen klar! Mit einem Mal wusste sie ganz genau, was sie sein wollte und was sie gerne tat. Sie sprang auf und umarmte Bahsula: »Danke Bahsula! Vielen Dank! Gut, dass ich dich getroffen habe!« Bahsula nahm Lilli in ihre warmen Arme und drückte sie herzlich an sich. Lilli sog tief ihren lieblichen Duft ein und ließ sich ganz in die süße Umarmung dieser wunderbaren Frau gleiten …

»Lilli!, Liiiilliii!«

Erschrocken hob Lilli ihren Kopf – diese Stimmen kannte sie doch! Lilli rieb sich die Augen. Sie saß in sich versunken unter dem Baum. Von weitem sah sie ihren Bruder und den Großvater, die laut rufend nach ihr suchten.

»Hab ich nur geträumt?«, fragte sie sich laut.

»Nein, Lilli! Das war kein Traum! Schön, dass du mich besucht hast!« Es klang wie leises Blätterrauschen und doch erkannte Lilli darin die Stimme des Baumgeistes.

Sie lächelte. Und als die beiden Männer sie erreicht hatten, sprang sie ihnen freudig entgegen, umarmte und drückte beide feste an sich.

»Wir haben uns Sorgen gemacht, kleine Lilli!«, sagte ihr Bruder.

»Lass den Direktor doch reden, Lilli! Du bleibst bei uns und du kannst tun, was immer du willst!«, ergänzte ihr Großvater, der mitbekommen hatte, dass Lilli die Männer belauscht hatte.

Lilli lachte. »Ja!«, rief sie. »Der Direktor kann uns mal gestohlen bleiben!«

Und dann gingen sie gemeinsam zurück zum Zirkus, tummelten sich auf der Wiese, lachten und sangen.

Von dem freundlichen Baumgeist hat Lilli niemals etwas erzählt. Sie hütete dieses Erlebnis wie ihren Schatz, und immer wenn sie nicht weiter wusste, stellte sie sich den Baum und seine heilenden Räume vor. Es war ihr dann, als flüstere Bahsula ihr tröstende Worte ins Ohr.

Ihre Aufgabe im Zirkus hat Lilli niemals gefunden. Stattdessen wurde sie eine berühmte Schriftstellerin, die die Menschen zum Nachdenken und Träumen anregte.

Das war die Geschichte vom Wunderbaum. Schau doch einmal ganz vorsichtig auf das kleine Kind in deinen Armen / neben dir: Siehst du es? Geht es ihm gut? Hat ihm die Geschichte gefallen? Vielleicht redet ihr noch ein wenig darüber? Lasst euch Zeit dafür! Wenn ihr alles miteinander besprochen habt, verabredet euch doch schon mal für ein nächstes Treffen.

Dann verabschiede dich von deinem inneren Kind und geh zurück zu der Türe. Mit jedem weiteren Atemzug kommst du wieder mehr und mehr zurück in die Gegenwart, spürst wieder verstärkt deinen Körper und den Stuhl/Boden unter dir. Du spürst, wie du immer wacher und wacher wirst, spürst die wohlige Wärme deines Körpers, die Frische in dir und die wunderbare Vertrautheit. Lass sie noch ein wenig in dir nachklingen, genieße sie, und komme dann mit den nächsten 5–6 tiefen Atemzügen wieder voll und ganz ins Hier und Jetzt zurück und öffne deine Augen, wann immer es für dich passt.

Die Bedeutung der Geschichte:

Oft geraten wir in etwas hinein, das nicht wirklich unserem Selbst entspricht. In unserer Gesellschaft geht es häufig zunächst darum, zu leisten, sich einzuordnen und seinen produktiven Platz zu finden. Manchmal haben wir Menschen und Situationen um uns, die uns Zeit lassen, uns zu finden. Manchmal haben wir aber auch Menschen oder Situationen um uns, die uns unter Druck setzen. Eine Entscheidung erwarten. Und ganz oft folgen wir einfach nur bereits ausgetretenen Pfaden und tun das, was schon alle vor uns auch getan haben. Manchmal wissen wir auch einfach nicht so richtig, was wir wollen. Irgendwie scheint nichts wirklich zu passen. Und oft glauben wir, dass wir das, was wir tief in uns wollen und was wir uns nicht eingestehen, ja eh nicht bekommen oder erreichen können.

Wenn Ihnen diese Geschichte gefallen hat:

Fragen Sie sich auch manchmal, wie Sie sich entscheiden würden, wenn Sie noch einmal von vorne anfangen könnten? Stellen Sie sich vor, Sie könnten die Zeit tatsächlich zurückdrehen:

- Was würde ich tun oder sein wollen, wenn ich eine neue Chance bekäme?
- Was macht mir wirklich / am meisten Spaß?
- Was könnte ich immer und immer wieder tun?
- Wohin zieht mich mein Herz? Womit bin ich wirklich glücklich?
- Gibt es heute, im Hier und Jetzt, Möglichkeiten etwas zu verändern / etwas Neues auszuprobieren? Was würde ich dafür brauchen?
- Welche Alternativen bringen mich meinem Herzenswunsch oder meiner inneren Aufgabe näher?

19. Kurzurlaub

Ich kann gut verstehen, dass du dich irgendwie erschlagen fühlst! Schließlich hattest du auch einen anstrengenden Tag. Kannst du dir heute etwas Gutes tun? Dich ein wenig verwöhnen? Sanft zu dir sein? Das fällt dir nicht leicht? Ok! Dann hol ich dich jetzt von der Arbeit ab und lade dich zu einem ausgiebigen Spaziergang am Strand ein! Wir lassen uns den Wind um die Ohren und den Kummer aus dem Herzen wehen! Genießen die friedliche Natur, die Weite des blauen Meeres und hören den Wellen und den Möwen zu, wie sie an Land gerauscht kommen.

Wir finden auch ein paar ganz wunderbare Dinge an diesem traumhaften Strand: Eine fabelhaft weiße, handgroße Muschel, die uns von den Weiten des Meeres erzählt. Und einen blitzblanken, schwarzen Turmalin – dieser Stein beschützt uns! Aber das Beste ist die einsame Bucht, die wir auf den Namen »Paradieso« taufen! Niemand wird sie je betreten außer uns beiden! Den ganzen Tag scheint hier die Sonne und man hat einen phantastischen Blick auf das offene Meer. Wir setzen uns hin, betrachten unsere Schätze und machen uns ein kleines, aber kräftiges Lagerfeuer - es wird uns nicht nur wärmen, sondern auch die Schatten auf unserer Seele vertreiben.

Ein paar Möwen leisten uns Gesellschaft und hin und wieder sehen wir in der Ferne lustige Delfine springen. Wir lassen uns in dem weichen Sand nieder, genießen seine entspannende Wärme und atmen tief die heilende Meeresluft ein. Ganz tief, bis in die letzten Winkel unseres wunderbaren Körpers. Er saugt sie auf und beginnt, sich zu regenerieren und langsam zu heilen.

Du legst deinen Kopf in meinen Schoß und ich massiere dir sanft die Stirn, so dass du dich wohl und geborgen fühlst. Willkommen auf dieser wunderbaren Erde!

Wenn wir genug Energie getankt haben, schlendern wir weiter. In einem kleinen Fischerdorf essen wir gemeinsam zu Mittag: Fisch, Brot und dazu einen frischen Salat. Wir spüren, wie diese liebevoll zubereitete Nahrung uns stärkt, und ein wohlig warmes Gefühl breitet sich in uns aus! Ganz beseelt und ein wenig träge lassen wir uns schließlich auf einer Pferdekutsche nach Hause bringen. Die Stärke der beiden Pferde – beide buntgefleckt wie das Leben – geht während der Fahrt auf uns über. Zuhause angekommen legen wir uns aneinander gekuschelt aufs Bett und schlafen ein wenig – Siesta!

Wenn wir gegen Nachmittag wieder erwachen, fühlen wir uns frisch und stark! Ein wenig heiler und wieder zuversichtlich!

Die Bedeutung der Geschichte:

Hier in dieser Geschichte geht es um Regeneration. Der Wunsch in uns, auszuruhen, Pause zu machen und wieder neue Energie zu tanken, wird viel zu oft verdrängt, da noch so viele wichtige Dinge zu erledigen sind, und wir uns wieder einmal hinten anstellen. Doch was ist wichtiger als wir selbst?!

Wir sehnen uns meistens schon viel mehr nach Ruhe, als uns das tatsächlich bewusst ist. Vielleicht ist unser Akku sogar schon ziemlich leer und es wird Zeit für eine Veränderung …

Wenn Ihnen diese Geschichte gefallen hat:

Fragen Sie sich doch immer einmal wieder, wie es Ihnen eigentlich geht – emotional, geistig und körperlich:

- Wie viel Energie steht mir auf der jeweiligen Ebene zur Verfügung? (100% bedeutet volle Energie)
- Wann habe ich mir das letzte Mal richtige Erholung gegönnt?
- Wenn ich frei wählen dürfte: was würde ich dann wählen/entscheiden?
- Wie lange kann ich noch so weitermachen wie bisher?
- Was hält mich davon ab, gut für mich zu sorgen / auf mich acht zu geben?

Dein Körper weiß genau, was nötig ist – und auch wie viel – damit du den ganzen Tag fit und vital bist, Spaß haben kannst und dich in dir wohl und zuhause fühlen magst. Er weiß, was du brauchst, um vollkommen zufrieden zu sein!

20. Siljas Buffet

Silja kam völlig entnervt nach Hause. Wütend warf sie ihre Jacke in die Ecke und ließ sich anschließend mit einem tiefen Grummeln auf das Sofa fallen. »Schon wieder Stress im Geschäft?«, erriet ihre Großmutter und goss ihrer Enkelin wohlig duftenden Jasmintee auf. Silja verdrehte die Augen als ihre Großmutter ihr die heiße Tasse reichte. Als ob eine Tasse Tee irgendetwas ändern könnte! Ihre Chefin war einfach ein Biest und ließ keine Gelegenheit aus, ihr das Leben schwer zu machen. Nie kam sie zum Zug und wenn sie es doch einmal schaffte, vor den anderen mit ihren Aufgaben fertig zu sein, ging sie am Ende doch wieder leer aus. Sie war traurig, wütend und voller Angst, dass dieses klebrige Gefühl von Stress und Ohnmacht nie wieder weggehen würde.

Silja verbrachte gerne Zeit mit ihrer Großmutter. Sie konnte mit ihr über alles reden. Doch was noch viel besser war, waren die Geschichten der alten Dame, die sie sich immer wieder nur für sie einfallen ließ.

Nachdem sie erzählt hatte, was los war, drückte ihre Großmutter sie liebevoll in die Kissen auf dem Sofa: »Entspanne dich, mein Kind, und lass alle Verkrampfungen ganz einfach los. Genieße die angenehme Temperatur deines Körpers und nimm wahr, wo du dich in deinem Körper gerade am wohlsten fühlst. Lass alles los, lass alles gehen, was nur stört, was schwer ist oder fremd. Genieße die Ruhe, löse dich von allen Gedanken und Emotionen, lass sie davonschweben wie Luftballons im Wind. Versinke weiter hinein in dich selbst, getragen von deinem Atem, in die Mitte deines Ichs. Genieße ihn und löse dich sanft von allem und gehe tiefer in die Ruhe. Wie in einen See tauchst du hinab in die Stille und den Frieden um dich herum. Ruhe, Sanftheit, Tiefe, sicher und geborgen, frei, wohl.«

Silja entspannte sich von Minute zu Minute mehr, auch wenn sie verzweifelt versuchte, sich dagegen zu wehren. Es half nichts. Die beruhigende Stimme ihrer Großmutter hatte sie umgarnt und eingesponnen und nun zog sie diese mit sich, ob sie wollte oder nicht. Welche Geschichte würde sie ihr wohl heute erzählen? Was könnte wohl helfen, wenn man sich immer als Verlierer fühlte? Immer das Gefühl hatte, zu kurz zu kommen?

Silja ließ sich tiefer in ihre Kissen fallen und ließ los. Die Stimme ihrer Großmutter erzählte ihr gerade von weit weg, dass sie sich nun an einem wunderbaren, weißen Strand befand:

»Das Wetter ist angenehm warm, die Sonne steht lachend am Himmel und das Meer strömt sanft hin und her. Du bist mit lieben Menschen dort, ihr alle feiert, spielt, lacht und genießt diesen wunderbaren Ort.

Es gibt Bälle, Schaufeln, Seile, Netze, Holz, Fahrgeräte, Werkzeug, ja sogar Farbe! Alles, was das Herz begehrt, um sich zu beschäftigen, miteinander zu spielen und Freude zu haben.

Und natürlich gibt es auch Essen und Trinken! Am Rande des Strandes, am Saum einer kleinen Wiese, steht ein langes Buffet. Hier findet jeder etwas, was er gerne mag! Es gibt salzige, saure, süße, warme und kalte Speisen. Etwas Leichtes und etwas Deftiges ist ebenso zu finden, wie die verschiedensten Getränke. Jeder kann sich nehmen was, wie viel und so oft er mag. Unsichtbare Helfer füllen alles fast augenblicklich wieder auf, so dass immer genug von allem da ist. Selbst Eis bleibt kühl und Suppen warm. Und auch Teller, Gläser und Besteck stehen euch ständig zur Verfügung!

Du kannst dir alles in Ruhe anschauen:

Die Menschen, wie sie lachen und miteinander spielen, die Geräte zur Freizeitbeschäftigung und das riesige Buffet. Du kannst alles nehmen und überall mitmachen. Du bist überall und jedem herzlich willkommen, was man dir durch freundliches Zunicken oder sogar Heranwinken zeigt.

Es ist dein Strand! Du gehörst hierher, alles ist deins!

Schau, was dich nun am meisten interessiert. Vielleicht ein bestimmter Mensch, eine bestimmte Gruppe, ein Gerät, ein Werkzeug oder etwas zu essen? Du hast die freie Wahl! Immer!

Nun schau dir das Buffet noch einmal genauer an, sieh, was alles aufgetischt wurde, wie nett es zurecht gemacht wurde – und spüre die tiefe Gelassenheit in dir, dass du jederzeit hierher kommen kannst, dass dieser Tisch auf ewig hier auf dich warten wird! Sei dir gewiss, dass immer genug – ja sogar mehr als das! – dass alles in Hülle und Fülle hier ist! Du kannst alles haben und deshalb ist es vollkommen in Ordnung, wenn du lieber am Strand spazieren gehen magst, dich von den Wellen schaukeln lassen oder am Strandspiel mit den anderen teilnehmen möchtest! Wasser findest du alle paar Meter in Flaschen am Strand verteilt, so dass du dafür nicht extra irgendwo hingehen musst! Es ist das köstlichste Quellwasser, das du je getrunken hast und auch dieses wird ständig von den kleinen unsichtbaren Helfern aufgefüllt!«

Silja seufzte zufrieden. Tief in ihrem Inneren spürte sie ein entspanntes »Ja!« aufsteigen. Genug da. Immer! Willkommen sein. Es tat so gut zu wissen, dass alles was sie brauchte in Hülle und Fülle zu ihrer Verfügung stand. Ja, ihre Großmutter verstand es wirklich, Geschichten zu erzählen!

»Da du so viel Glück und Freude um dich herum spürst, konzentrierst du dich vielleicht viel lieber auf die Gemeinschaft und nimmst nur dann etwas zu dir, wenn dein Körper dich dazu auffordert.«

Silja lauschte weiter der Stimme ihrer Großmutter, tief versunken in ihrer inneren wohligen Stille.

»Dein Körper weiß genau, was nötig ist – und auch

wie viel – damit du den ganzen Tag fit und vital bist, Spaß haben kannst und dich in dir wohl und zuhause fühlen magst. Er weiß, was du brauchst, um vollkommen zufrieden zu sein! Du kannst ihm vertrauen! Und vielleicht fällt es dir ja schon ganz leicht, diese Signale wahrzunehmen und sie zu beachten!? Wenn nicht, dann lass dir Zeit, es herauszufinden. Du weißt ja: es ist immer genug von allem vorhanden!

Lass dir Zeit und vertrau deiner inneren, weisen Stimme!

Wiege dich nun noch eine Weile mit den Wellen im Meer und lass dich dann sanft von ihnen immer höher tragen, bis du langsam wieder an die Oberfläche deines Bewusstseins gelangst. Du weißt, dass du jederzeit an den Strand und zu deinen Freunden zurückkommen kannst, dass dann immer noch ein reichliches Angebot auf dich wartet! Dass du sicher bist, vollkommen sicher!

Nimm nun den Atem in deinen Lungen wahr, spüre ihn in deiner Nase und sei wieder frisch und wach hier bei mir!«

Silja öffnete ihre Augen und blickte in das liebevolle Gesicht ihrer Großmutter. Worüber war sie eigentlich nochmal so sauer gewesen? Sie erinnerte sich an den Tag, aber das Gefühl, nicht genug bekommen zu haben, war verschwunden. Wie Wolken am Himmel.

Die Bedeutung der Geschichte:

So oft rennen wir durch den Tag, durch unser Leben, und haben dennoch das Gefühl, etwas zu verpassen oder nicht genug zu bekommen. Wir glauben, dass wir uns noch mehr anstrengen und noch mehr beeilen müssen. Und wenn andere dann vor uns etwas erreichen, verlieren wir die Hoffnung, werden traurig oder wütend. Wir glauben dann, etwas verpasst zu haben, oder zu kurz zu kommen, dabei ist genug für alle da. Immer.

Es ist alles in uns selbst vorhanden. Wir müssen nur darauf vertrauen, dass wir jederzeit spüren können, was wir genau brauchen. Egal, ob es sich dabei um Lebensmittel, Nähe, Zuneigung oder um Erfolg handelt. Was auch immer wir brauchen: irgendwo in unserer Umgebung ist es vorhanden! Wir müssen nur am richtigen Ort danach suchen.

Wenn Ihnen diese Geschichte gefallen hat:

Auch Fülle und Erfolg sind nur eine Frage der Definition und der Perspektive. Versuchen Sie einmal alle gedanklichen und emotionalen Bewertungen loszulassen und Ihre eigenen Grenzen zu überwinden:

- Wo mangelt es mir an was?
- Was glaube ich unbedingt zu meinem Glück/ Wohlergehen zu benötigen?
- Was passiert, wenn ich alles erreicht habe / erster bin / auf dem Gipfel stehe? Was brauche ich dann (wirklich)?
- Weiß ich, was mein Körper braucht?
- Bin ich in Kontakt mit den Signalen meines Körpers / meiner Seele? Kann ich diese Signale (richtig) verstehen?
- Ist mir bewusst, dass mir die Welt offen steht und alles möglich ist?
- Vertraue ich darauf, dass ich stets (gut) versorgt bin?

Manchmal fühlen wir uns stark und glücklich. Manchmal aber nicht.

Manchmal berührt uns ein Blick, eine sanfte Melodie oder ein liebevolles Wort.

Und manchmal kann dadurch etwas in uns wachsen, heilen.

Wenn Sie hier angekommen sind, haben Sie dieses Buch vielleicht vom Anfang bis zum Ende gelesen. Oder Sie sind Ihrer Neugierde gefolgt und haben sich von den Titeln der einzelnen Geschichten ansprechen lassen.

Ich möchte Ihnen jedenfalls danken, dass Sie sich mit mir auf die Reise begeben haben, hin zu bunten Wiesen, den Tiefen des Meeres, bis in das Tal der goldenen Sonne.

Und vielleicht sind Sie neugierig geworden, wohin Sie die Fragen unter den Geschichten noch führen werden. Oder Sie haben Spaß daran gefunden, in sich selbst Neues zu entdecken, vergessene Türen zu öffnen und verborgene Schätze zu bergen.

Was auch immer Sie tun: achten Sie gut auf sich!

Eines sollten Sie aber nach Möglichkeit beibehalten: Gönnen Sie sich ab und zu Augenblicke der Ruhe und ein wenig Zeit für sich selbst!

Ich möchte Sie auch einladen, hin und wieder in sich hineinzuhören. Unser Körper, unser Geist und unsere Seele haben uns Wertvolles zu erzählen …

»Aus der Mitte deiner Seele entspringt ein Weg. Folge ihm! Und du gelangst zu unbändiger Freude!«
(Heike Erbertz)

Zu guter Letzt möchte ich mich bei all jenen bedanken, die mich inspiriert und unterstützt haben! Insbesondere danke ich Sonja Pellender für das zauberhaufte Gemälde und dem Spirit Rainbow Verlag für die sehr kompetente und freundliche Unterstützung und Begleitung! (Katharina Schulze für das Lektorat, Dietrich Betcher für die Bildgestaltung und Christoph Swiontek für die Autorenbetreuung.)

Danke, dass ihr an mich geglaubt habt!

Herzlichst, Heike Erbertz

Abbildungsnachweis

Kapitel 1, S. 21: Sonja Pellender (»Frau mit Hut«)
www.atelier-colorworld.de

Kapitel 2, S. 29: https://pixabay.com/de/schlüssel-anhänger-eisen-2310246/

Kapitel 3, S. 37: https://www.pexels.com/photo/close-up-photography-of-wet-stones-773846/

Kapitel 4, S. 45: https://pixabay.com/de/hintergrund-blasen-abstrakt-1572307/

Kapitel 5, S. 49: https://pixabay.com/de/mädchen-frau-meer-bulgarien-möwe-583917/

Kapitel 6, S. 55: https://www.pexels.com/photo/adult-blur-bokeh-bright-613321/

Kapitel 7, S. 63: https://pixabay.com/de/unterwasser-natur-tropisch-fisch-3128371/

Kapitel 8, S. 71: https://www.pexels.com/photo/green-mountain-near-river-under-cloudy-sky-during-daytime-247478/

Kapitel 9, S. 77: https://pixabay.com/de/natur-wald-waldsee-harz-nadelwald-1932003/

Kapitel 10, S. 83: https://www.pexels.com/photo/ceramics-cups-design-porcelain-241886/

Kapitel 11, S. 89: https://pixabay.com/de/raps-rapsbl%C3%BCte-rapsfeld-landschaft-2309181/

Kapitel 12, S. 95: Privatarchiv der Autorin

Kapitel 13, S. 99: https://www.pexels.com/de/foto/baume-baumstamm-beratung-gras-240040/

Kapitel 14, S. 107: https://pixabay.com/de/feld-teddy-bär-gras-modell-natur-1836401/

Kapitel 15, S. 113: https://pixabay.com/de/tor-portal-pforte-tür-eingang-3144351/

Kapitel 16, S. 117: https://pixabay.com/de/fantasy-höhle-mystisch-felsen-2750995/

Kapitel 17, S. 125: https://pixabay.com/de/banner-header-sterne-weihnachten-997353/

Kapitel 18, S. 131: https://www.pexels.com/photo/environment-forest-grass-leaves-142497/

Kapitel 19, S. 141: https://pixabay.com/de/schale-strand-meer-sommer-natur-1599111/

Kapitel 20, S. 145: https://pixabay.com/de/tee-teekanne-trinken-pokal-2090190/